KB233084

큰글자 불서 14

참 생명을 찾는 경봉스님 가르침

김현준 편저

효림

큰글자 불서 ⑭

참 생명을 찾는 경봉스님 가르침

발행일 2022년 5월 2일

지은이 김현준

펴낸이 김연지

펴낸곳 효림출판사

주 소 서울시 서초구 반포대로14길 30,
907호(서초동, 센츄리1)

전 화 02-582-6612

이메일 hyorim@nate.com

값   13,000원

법보시 불교신행연구원

서   문

경봉鏡峰(1892~1982) 큰스님은 온화하고 자상한 자비와 청렴하고 검소한 가풍家風을 지닌 대도인이셨습니다.

출세간의 진리에 통달한 도인들은 세간사世間事에 밝지 못한 경우가 종종 있습니다. 날카로운 선지禪旨를 갖추고는 있으나 남의 사정을 살펴주는 일에는 등한시 하기 쉽습니다.

그러나 스님은 진리에도 밝았고 세속의 흐름에도 밝았습니다. 남의 사정도 잘 알아주고 대중의 분위기도 잘 파악하셨습니다. 큰 일 작은 일 가릴 것 없이 미세한 부분까지 보살펴 주셨고, 노인이면서도 신세대의 젊은이를 잘 이해해 주셨으며,

법을 구하러 찾아오는 불자들을 언제나 부드러운 미소로 맞아들였습니다.

이렇게 스님께서는 활달하고 꾸밈없는 언행言行으로 세간과 출세간 사이를 소요자재逍遙自在 하셨으므로, 항상 열려진 스님의 문호門戶에는 언제나 구도자들이 가득하였습니다.

수행승은 물론이요 어린 학생이나 촌부村婦들까지도 자상하게 맞아들여 그들의 참 생명을 일깨우는 가장 적절한 법문을 들려주었으므로, 스님을 친견한 이들이 극락암의 문을 나설 때에는 '평생의 양식이 될 그 무엇'을 마음 가득 담아갔습니다.

이토록 교화의 덕이 넓고 컸던 스님이셨기에, 감히 스님의 다양한 가르침을 담은 이 책의 제목을 무어라 정하기가 어려웠고, 오랜 고심 끝에 『참 생명을 찾는 경봉스님 가르침』으로 정하였습니다. 가장 단순하면서도 포괄적인 이 제목이 가장 합당하다고 여겼기에.

6

그리고 큰스님께서 자주 설하셨던 법문의 진수를 뽑아 여러 불자님들과 법열을 함께 만끽하고자 정성을 다해 글을 엮기는 하였으나, 저의 부족으로 인해 큰스님의 법문이 제대로 전달될지 염려스럽기 그지 없습니다.

"사바세계를 무대로 연극 한바탕 멋들어지게 해야 한다."고 늘 말씀하셨던 경봉 큰스님.

이제 이 책이 한바탕의 멋진 연극, 멋들어지는 삶을 이루는데 밑거름이 되기를 두 손 모아 축원드리고, 조그마한 공덕이라도 있다면 참 생명을 찾는 온 법계 중생의 깨어나는 삶에로 회향하옵니다.

또한 경봉스님 탄신 120주년과 열반 30주년 되는 해에 이 책을 낼 수 있게 된 소중한 인연에 깊이깊이 감사드립니다.

불기 2556년 6월 중순
큰스님의 유발상좌 김현준 합장

II. 무상과 꿈과 자성

III. 참 생명을 찾는 공부

IV. 공부를 잘 하려면

V. 화해롭게 살아라

VI. 일상에서의 깨우침

I

도
어디에 있는가

사바세계를 무대 삼아 멋있게 살아라

한바탕의 멋진 연극

특이한 기행奇行이나 남다른 행적보다는 천하의 수행승들로부터 '통도사군자通度寺君子'로 존경받으면서 담담히 불교 집안의 기강을 세우고 승속僧俗의 마음 깊은 곳에 부처님의 등불을 밝히셨던 경봉鏡峰 큰스님….

경봉 큰스님께서는 통도사 극락암을 교화의 터전으로 삼았습니다. 그러나 스님의 마음은 극락에 있지 않고 사바娑婆에 있었습니다. 아니, '사바가 곧 극락〔娑婆卽極樂〕'임을 깨닫게 하는 데 있었습니다.

이 사바는 참지 않고서는 살아갈 수 없는

감인세계堪忍世界, 잡된 것으로 뒤죽박죽 얽혀 있는 회잡會雜의 세계로 풀이됩니다. 사바세계에 태어난 이상은 아무리 큰 복을 누릴지라도 인내하며 살아야 하고, 잡된 일로 시달리기 마련이라는 것입니다.

그러나 사바라고 하여 괴로움과 번뇌만이 가득한 것은 아닙니다. 오히려 이러한 세계이기에 깨달음의 영역으로 보다 가까이 접근할 수 있습니다. 고통과 번뇌의 결박을 분명히 느낄 수 있는 사바세계이기에, 이곳 사람들은 해탈과 깨달음을 갈구하게 됩니다.

스님께서는 바로 이 세계에서 고뇌하고 방황하는 이들에게 삶의 활로活路를 보이고자 사바를 활동의 무대로 삼았습니다.

"사바세계를 무대 삼아 연극 한바탕 멋있게 잘 해야 한다."

이 말씀은 스님이 가장 즐겨 들려주셨던 금언숲들입니다. 스님의 깊은 뜻이 여기에 간직되어 있고 모든 법문이 남김없이 들어 있습니다.

한바탕의 멋진 연극.

'이렇게 사나 저렇게 사나 어차피 한 세상'이라는 사실을 달관하고, 기왕이면 적극적인 사고방식을 갖고 성실하게 살라는 말씀입니다.

인간 존재의 특이성과 인생 회계

물론 이 삶의 연극을 멋들어지게 연출하는 것이 저절로 이루어지지는 않습니다. 그래서 스님은 '인간 존재의 특이성이 무엇인가?'를 분명히 알아야 할 뿐 아니라, '생生의 회계를 잘 할 줄 알아야 한다'고 누누이 일깨우셨습니다.

"지은 **업業**에 의해 현재의 몸을 받은 인간! 그러나 인간은 다른 중생들과는 다르다. 그 다른 점에서부터 인간은 인간의 설 자리를 찾아야 한다."

"우리 인간을 비롯하여 날짐승·길짐승 등의 모든 중생은 자기가 지은 업대로 살게끔 되어 있다. 그런데 짐승들은 업을 받기만 하지만, 사람은 업을 받는 것과 동시에 새롭게 개척해가는 능력이 있다. 새는 더워도 깃털을 감싸고 살아야 하지만, 사람은 더우면 옷을 벗어버릴 수가 있다.

비록 모든 인간이 자기의 잘못으로 인해 곤란을 당하고 걱정근심 속에서 살고는 있지만, 한 생각 돌이킬 줄 아는 이 또한 인간이다.

그러므로 지금의 고통을 자세히 관찰하면서 한 생각 돌이켜 볼 줄 알아야 한다. 마음을 비우고 한 생각을 돌이켜 지은 업을 기꺼이 받겠다고 할 때, 모든 업은 저절로 녹아내린다."

또한 스님께서 강조하신 '인생의 회계'는 나의 남은 인생이 얼마나 되는가를 분명히 계산해 보라는 것입니다.

"이 세상 살다가 언제 땅 밑으로 들어가는가? 설령 칠십·팔십을 산다 해도 인생 일도 一度는 육십이니, 사십을 산 사람은 이제 이십년 남았구나, 삼십을 산 사람은 이제 삼십년 남았구나! 이렇게 회계를 내야 한다.

아무래도 이 몸은 죽어 땅 밑에 들어가서 썩어 없어질 운명. 이 몸을 가지고 헛되이 시간을 보내서는 안 된다. 무엇이든지 남을 위해서 좋은 일을 많이 하고 보살의 행원行願을 실천해야 한다."

온몸으로 주어진 배역을 소화하라

이렇게 회계를 끝냈으면 멋들어지게 사는 방법을 알아야 합니다.

어떻게 해야 이 사바세계를 무대로 삼고 한 바탕의 연극을 멋있게 하는 것인가? 춤추고 노래 부르고, 맛있는 음식으로 배를 채우면서 술 마시고 뛰어 노는 것이 멋있게 사는 것인가?

"비극의 배역을 맡은 명배우는 마음 속의 잡된 생각을 모두 비우고 눈짓 몸짓 그 마음 까지도 송두리째 슬픔이 되어 연기를 한다.

그저 우는 체 하는 것이 아니다. 그냥 슬픔 그 자체가 되어 눈물을 짓는다. 그렇게 되면 관객들은 따라서 눈물을 흘리고 갈채를 보낸다.

사바에 사는 우리에게도 어디에서나 어느 때에나 배역은 주어진다. 그 배역을 온 몸으로 소화시킬 때 우리의 연극은 멋으로 연결된다."

그러나 물질에 대한 애착, 사람에 대한 지나친 갈망, 사랑과 미움이 마음을 가리고 있기 때문에 우리의 연기는 배역을 이탈할 때가 많습니다. 이에 스님께서는 자주 설법하셨습니다.

"무엇 때문에 가슴이 아프고 머리가 아픈가? 사람 아니면 물질 때문에 가슴이 아프고 머리가 아프다.

우리가 사바세계에 나올 때 머리 아프고 가슴 아프려고 나온 것이 아니다. 빈 몸 빈 손으로 옷까지 훌훌 벗고 나왔는데 공연한 탐욕과 망상으로 모든 근심 걱정이 시작되는 것이다.

진실대로, 자기 정성대로 노력하기만 하면 세상은 될 만큼 되는데, 진실도 정성도 모두 놓아버리고 망상이라는 도둑놈에게 붙잡혀 있으니 어떻게 근심 걱정을 하지 않을 수가 있겠는가."

근심걱정 내려 놓고 활기찬 생활을

그래서 스님은 일상생활 속의 도둑놈들과 함께 살지 말라고 하셨습니다. 탐욕과 성냄과 어리석음의 도둑놈, 팔만 사천 번뇌망상과 분별하는 마음의 도둑놈, 이 도둑 때문에 머리가 아프고 가슴이 아파서 사바세계를 무대로 연극 한바탕 멋있게 할 수가 없다고 하셨습니다.

주인 노릇하는 이 도둑은 쫓아내어야만 합니다. 근심 걱정은 오히려 도둑을 도울 뿐입니다. 스님께서는 도둑에 사로잡혀 사는 우리를 이렇게 꾸짖습니다.

"그렇게 근심 걱정을 할 바에야 무엇 하러 사바세계에 나왔는가! 어머니 태중에서 나오지 말든지 할 일이지….

좀 근심스럽고 걱정이 되는 일이 있더라도

다 털어버려라. 기껏 살아봐야 백 년을 사는 사람이 드물다. 그러니 언제나 쾌활하고 낙관적인 기분으로 활기찬 생활을 해야 한다.

여지껏 생활해 온 모든 사고방식과 생활관념에 잘못이 있으면 텅 비워버리고, 바르고 참되고 활발한 산 정신으로 살아가야 한다."

"사바세계를 무대로 멋있게 살아라."
우리는 스님의 참뜻이 살아있는 정신을 깨우쳐 참 생명을 찾게 하는데 있다는 것을 잊어서는 안됩니다. 이를 잘 기억하면서, 이제부터 참 생명을 찾는 도道에 대한 스님의 법문을 함께 음미해 봅시다.

진리는…

눈이 마주치는 곳에 도가 있다

경봉 큰스님께서는 언제나 자기개안自己開眼에 의한 자기의 육성으로 설법을 하셨습니다. 대부분의 선사들이 즐겨 인용하는 『전등록傳燈錄』이나 『선문염송禪門拈頌』등의 조사어록祖師語錄보다는, 살아 있는 독특한 음성으로 뭇 생명 있는 이의 정신을 일깨웠던 것입니다.

이러한 스님의 진면목眞面目을 보고자 한다면 진리의 세계를 꿰뚫어 보지 않고서는 불가능한 일이며, 그 진리의 세계는 정법의 눈正法眼이 아니면 꿰뚫어 볼 수가 없습니다. 스님께서는 도道, 곧 진리에 대해 항상 말씀하셨습니다.

"부처님의 정법안장正法眼藏! 그 오묘한 진리는 말로써 표현할 수 있는 것도, 글로써 보일 수 있는 것도 아니다.

목격이도존目擊而道存이라. 눈이 마주치는 곳에 도가 있다. 척 보면 알아야지, 설명을 듣고 아는 것은 저 문 밖의 소식이다. 그뿐 아니라 입을 열지 않거나 닫지 않는다고 하여도 진리와는 팔만 사천 리나 멀어진다.

정법안장은 일체의 이름과 모양이 뚝 떨어진 자리여서, 그 어떤 상대적인 말로 설명하려 해도 맞지 않는 것이다."

그래서 스님께서는 법문을 설하기 전에, '이 문門'을 통과하면 반드시 진리의 세계로 들어갈 수 있게 되는 '법문法門'의 실체가 무엇인지를 먼저 일깨워 주셨습니다.

"법문은 아무 말도 하지 않는 가운데 있고 종사宗師가 법좌法座에 오르기 전에 있으며, 청중이 자리에 앉기 전에 있고 청중이 '오늘 종사께서 무엇을 설하시려는가' 하는 생각을 일으키기 전에 법문이 있는 것이다."

더 나아가 스님은 '종사가 법상法床에 오르기 전에 법문은 이미 다 되었고, 청중이 자리에 앉기 전에 법문은 다 하여 마친 줄을 알아야 한다'고 강조하셨으며, '이 소식을 분명히 알 때 진리는 나와 더불어 한 몸이 되고, 나는 진리 그 자체로써 살아갈 수 있게 된다'고 누누이 강조하셨습니다.

산은 산 물은 물

그러나 눈이 밝지 못한 중생들에게 있어 이 말씀은 너무나 요원하게 들릴 수밖에 없습니다. 이에 스님은 깨달음의 세계로 향하는 구도인求道人의 여정을 간략하게 표출시켜 깨달음을 유도하셨습니다.

"누구든지 산을 볼 때 산은 푸르고 물을 볼 때 물은 푸르게 흘러가지만, 수행이 어느 경지에 올라가면 산을 보아도 산이 아니요 물을 보아도 물이 아니다. 물이 곧 산이요 산이 곧 물이더니, 한층 더 나아가면 산은 산이요 물은 물이더라."

이 깨달음은 불교수행의 진수를 눈으로 보는 것에 비유하여 설한 것으로, 부처님 당시부터 이와 같은 수행체계는 제시되어 있었습니다.

눈을 가진 보통의 사람이라면 산은 산으로, 물은 물이라고 봅니다. 그러나 ① 현실 속에서 '나'의 문제, 욕망과 애착에 빠져들게 되면 인간의 눈은 있는 그대로를 거부하게 됩니다.

② 또 끊임없이 변화하는 무상無常의 현상계를 영원한 것으로 착각하거나, ③ 업력業力으로 인한 현재의 괴로움을 기꺼이 긍정하기는커녕 현실의 즐거움만을 추구하려 할 때, ④ 그리고 자기만의 고유한 개성을 고집하여 무아성無我性을 자각하지 못하거나, ⑤ 번뇌의 극복은 마음의 정화에서부터 비롯된다는 것을 파악하지 못한 채 번뇌와 고통이 없기만을 바라는 자기중심적인 삶 속에 빠져들게 되면, 절대로 있는 그대로를 볼 수가 없습니다.

그래서 부처님께서는 우선 '아니다 아니다'고 하셨습니다. 이 사바세계는 영원〔常〕과 행복〔樂〕과 자유〔我〕와 청정함〔淨〕으로 가득

채워져 있는 상락아정常樂我淨의 세계가 아니라, 무상無常과 괴로움〔苦〕과 부자유〔無我〕와 부정不淨이 가득한 세계라고 강조했던 것입니다.

이 가르침에 의지하여 성문聲聞과 연각緣覺들은 현실의 겉모습과 나의 가적假的인 모습을 파악하는데 힘을 기울였고, 마침내 그들은 현실의 즐거움은 즐거움이 아니요 현실의 나가 '참된 나'가 아니라는 진리를 깨닫게 됩니다.

그러나 부처님의 가르침은 여기서 멈추지 않았습니다. 정법안장의 세계가 영원하고〔常〕 행복하고〔樂〕 자유롭고〔我〕 번뇌가 없는〔淨〕 상락아정의 세계임을 다시 설파하셨습니다.

보살菩薩들은 부정을 넘어선 이 대긍정의 가르침을 좇아 마침내 정법안正法眼이 표출된 경지에 이르렀고, 있는 그대로를 볼 수 있는 눈을 얻었던 것입니다. 명경지수明鏡止水같이 맑은 그 마음에 산은 그대로 산으로, 물은 그대로 물로 비칠 수밖에 없듯이….

스님께서 설파하신 '산은 산이요 물은 물이더라'는 번뇌를 초극하는 과정에서 보여지는 체험의 이야기입니다. 번뇌로 뒤덮힌 가假의 세계에서 출발하여 진리의 세계로 들어가 공空을 체득한 다음, 다시 가假의 세계로 되돌아온 이는 중의 길[中道] 위에서 있는 그대로의 모습을 볼 수 있게 된다는 것을 깨우친 것입니다.

마지막으로 법좌에서 내려오기 전에 스님은 다시 한 말씀으로 청중을 깨우칩니다.

"반야바라밀般若波羅蜜이 반야바라밀이 아니라 그 이름이 반야바라밀이요, 금일 설법이 설법이 아니라 그 이름이 설법이니라…."

평상심시도平常心是道

진리는 멀리 있는 것이 아니다

진리에 관한 법문은 깊은 통찰과 수양을 통해서만 계합할 수 있는 것입니다. 그렇다고 하여 이 진리법문을 혼자만의 것으로 간직한 채 열반에 들 수는 없습니다.

그 옛날 석가모니 부처님은 대각大覺을 성취한 뒤, 진리의 법문을 알아들을 수 있는 중생이 너무나 적다는 것을 살펴보시고 그대로 열반에 들고자 하셨을 때, 뜻있는 이들은 '가까스로 출현한 부처님께서 그대로 열반에 들어버린다면 이 세상은 더욱 깊은 어둠에 쌓일 것'이라 하면서 중생을 깨우쳐 줄 것을 청했습니다. 이에 부처님께서는 언어를 초월한 진리를 부득이 말을 빌어 45년 동안 설법하셨습니다.

스님 또한 부처님처럼 중생들을 진리의 세계로 보다 가까이 인도하기 위해 갖가지 방편을 구사하셨습니다. 특히 스님은 '평상심平常心이 도道'라는 진리를 쉬임 없이 깨우쳤습니다.

"진리는 결코 멀리 있는 것이 아니다. 밥 먹고 밥그릇 씻는 거기에 모든 것이 다 들어 있다. 오히려 도는 공기나 물과 같아서 우리가 느끼지는 못하지만, 그것이 없으면 일체의 생물이 살아남지 못하게 되는 무한한 생명의 원천이다."

법 받아라

일상생활 속에서 그 도와 더불어 살아가고 있는 존재가 중생이지만, 중생은 도가 무엇인지를 모릅니다. 스님은 조선시대 초기의 벽계정심碧溪淨心 선사와 벽송지엄碧松智嚴 선사의 도담道談을 예로 들어 어리둥절해 하는 청중의 귀를 뚫어 주시곤 하셨습니다.

정심선사와 지엄선사의 인연은 불교의 탄압이 가장 극심했던 연산군 때 이루어졌다. 불상을 파괴하고 승려를 환속시켜 사냥터의 동물 몰이꾼으로 삼는 등 연산군의 횡포가 불교를 존립위기의 상황으로 몰고가자, 황악산 직지사直指寺에 있던 정심선사는 속인으로 변복하고 산 너머에 있는 물한리勿罕里로 들어가서 불법佛法을 전할 시기를 기다리고 있었다.

이때 간절히 도를 구하고자 했던 지엄은 물어 물어서 정심선사를 찾아갔다.

그러나 정심선사는 선지禪旨를 일러주기는 커녕 매일 일만 시켰다. 3년을 함께 지내면서 무수히 '도가 무엇인가?'를 물었으나 법문 한마디를 듣지 못하였으므로, 지엄은 행장을 꾸려들고 정심선사에게 가서 말하였다.

"스님, 저는 떠나겠습니다."

"왜 가려고 하느냐?"

"3년 동안 스님을 모셨지만 도에 대한 법문 한마디 없이 매일 일만 시키시니 더 있은들 별 수가 있겠습니까? 떠나겠습니다."

"그래? 그렇다면 가거라."

잔뜩 화가 난 지엄이 집을 나와 뒤도 돌아보지 않고 고개 언덕을 넘어서 내려가는데, 뒤따라 온 정심선사가 고개마루에 서서 큰 소리로 불렀다.

"지엄아 지엄아, 나를 보아라."

정심선사는 발길을 멈추고 뒤를 돌아보는 지엄

에게 말하였다.

"내가 매일 밥을 지으라고 할 때 설법하였고, 차를 달여 오라고 할 때 설법하였고, 나무하라고 할 때 설법하였고, 밭을 매라고 할 때 설법하였는데 네가 몰랐으니, 오늘은 법을 받아라."

그리고는 불끈 쥔 주먹을 내밀어 보였다. 그 순간 지엄은 도를 깨달았고 정심선사께서 자상하게 가르쳐주기보다는, 한마디의 법문도 일러주지 않은 것에 대해 한없이 감사하였다고 한다.

ɤ

이 이야기는 우리의 일상생활에 도가 있건만, 보는 이의 눈이 어두워 도를 알지 못하게 됨을 깨우쳐 주기 위해 스님께서 자주 들려준 법담 중의 하나입니다.

대소변 보는 일도 도행道行

진정 도는 어디에 있는가? 스님은 이렇게 말씀하셨습니다.

"일념미생초一念未生初(한 생각 일어나기 전)에 도가 있고 눈과 눈이 서로 마주쳐 보는데 도가 있고, 중생의 일상생활에, 삼라만상에 다 도가 있다.

우리가 오고 가는 데 도가 있고, 물건을 잡고 놓는 것이 곧 선禪이건만, 사람들은 눈이 어두워 딴 곳에서 찾으려 한다.

눈앞에 불법佛法이 있건만 눈이 멀고 귀가 어두워서 보지도 못하고 듣지도 못한다. 어느 것이고 도 아님이 없음이니, 잘 이해하고 활용하여야 한다."

스님께서는 대·소변 보는 일에조차도 대도

大道가 깃들어 있다고 하여, 극락암의 소변소 이름을 '휴급소休急所'라 하고, 대변소를 '해우소解憂所'라고 이름지었습니다.

"아무리 바쁜 일이 있어도 오줌이 마려우면 소변부터 보아야지 별 수가 없다. 그러므로 소변소에서 급한 마음을 좀 쉬어가라는 뜻으로 휴급소라 한 것이다.

그리고 음식을 먹을 때는 좋지만 배에 가스가 꽉 차 있으면 배설을 시켜야 속이 편하고 좋듯이, 마음속에 차 있는 못된 생각, 하찮은 생각, 어두운 생각을 확 비워버려야 한다는 뜻에서 해우소로 이름지은 것이다."

도를 구하는 이, 스스로의 진실을 체험하기 위해 노력하는 사람이라면 밥 먹고 옷 입고 대소변 보는 평상平常의 일 그 자체가 도요 도행道行임을 알아야 한다는 평상심시도平

常心是道!

　만약 우리가 분별망상을 일으키기 전의 고요하고 또렷한 평상심이 도道라는 것을 깨닫고 생각한다면, 이 사바세계를 무대로 삼아 한바탕의 연극을 참으로 멋있게 연출할 수 있을 것입니다.

Ⅱ

무상과 꿈과 자성

무상無常 속의 무상발심無上發心

무상無常부터 깨달아라

무한한 생명의 원천인 도道는 번뇌가 없는 평상심平常心에 있습니다. 그러나 범부는 '평상심'이 도道라는 것을 알지 못합니다. 더욱이 덧없는 인생의 실체나 참된 자기의 묘용妙用을 깨닫지 못한 채, 달콤한 꿀물 같은 욕망을 좇아 끝없는 방황의 길을 걸어가고 있습니다.

참으로 잘 살기 위해서는, 깨달음의 경지〔無上菩提〕로 나아가기 위해서는 무엇보다도 제행무상諸行無常을 올바로 파악하고, 꿈같은 인생살이에서 깨어나고자 해야 합니다. 곧 인생무상을 체득하여야 위없는 깨달음〔無上菩提〕을 이루겠다는 무상발심無上發心을 잘 할 수 있는 것입니다.

경봉스님께서는 36세 때의 오도悟道 전까지 늘 이를 생각하며 살았고, 사람들에게 이것을 깨우치고자 하셨습니다.

어머니의 죽음을 통하여 인생의 무상함을 깊이 사유했던 스님은 '어떻게 하든 생사일대사生死一大事를 넘어서는 도를 이루겠다'는 발심을 함과 동시에, 불교의 진리를 혼자만 누리지 않고 모든 이들에게 전하고자 노력하였습니다. 특히 통도사 강원에서 열심히 경전을 공부하셨던 22세 때, 스님은 다음과 같은 중생제도의 원을 세웠습니다.

"나는 선재동자善財童子처럼 도를 구하고 보현보살의 행원行願으로 중생을 제도하리라. 중생계衆生界가 다하고 중생업衆生業이 다하고 중생의 번뇌가 다할지라도 나의 원은 다하지 아니하며, 허공계虛空界가 다하더라도 나의 원은 다하지 아니하리라."

행방포교

큰 원을 세운 스님은 강원에서 공부하다가 시간이 생기면 행방포교行方布敎의 길을 나섰습니다. 일터든 장터든 잔치집이든 사람이 많이 모이는 곳이면 어디라도 가리지 않았습니다.

비록 나이는 많지 않았지만 180㎝의 훤칠한 키에 지혜를 숨긴 눈과 한일자로 굳게 다문 입 등 스님의 모습에는 범상치 않은 위엄이 있었습니다. 한 손으로는 법문의 내용을 묘사한 그림을 걸어놓은 석장錫杖을 쥐고, 다른 한 손으로 청아한 방울소리 나는 요령搖鈴을 힘차게 흔들면 사람들이 모여듭니다. 그때 스님은 법문 보따리를 풀어 헤칩니다. 구수한 이야기 식으로 시작되지만, 마침내는 인생무상과 불교의 깊은 이치를 설파하여 불심佛心을 눈뜨게 하셨습니다.

스님은 그 당시의 이야기를 이렇게 들려주셨습니다.

"스무 살이 조금 넘었을 무렵, 나는 포교를 위해 온 동네를 다니며 설법을 했다. 이무기·뱀·쥐·코끼리·칡덩굴 등을 그린 울긋불긋한 '안수정등岸樹井藤'이라는 그림을 막대기에 걸어 놓고 요령을 마구 흔들면, 무엇인가 싶어서 어른 아이 할 것 없이 들판에서 일하던 일꾼까지 쫓아온다.

그래서 그 사람들을 모아 놓고 법문을 하였다. 가을이라 곡식도 거두어야 하고 할 일도 많은데, 어느 승려가 와서 울긋불긋한 것을 걸어 놓고 요령을 흔드니, 그것을 구경한다고 일이 잘 되지 않거든. 그러니 주인이 와서 사정을 한다.

'대사님! 그만하고 가 주십시오. 말씀 다 들으려 하다가는 일을 못하겠소.'

그러면 모르는 체하고 비켜 주기도 했다."

안수정등의 법문

행방포교 당시 스님이 가장 많이 들려 주셨던 안수정등의 법문, 이를 요약하여 함께 살펴봅시다.

한 사나이가 가없이 넓은 벌판을 걸어가고 있

었다. 평화로운 듯하면서도 묘한 분위기가 풍기는 벌판이었다.

그런데 갑자기 사방으로부터 사나운 불길이 일어났고, 그는 불 속에 포위되고 말았다. 당황하여 어쩔 줄 모르고 있는데, 불현듯 미친 코끼리 한 마리가 나타나 잡아먹을 듯이 사납게 덤벼드는 것이 아닌가?

그는 황급히 도망을 치다가 눈앞에 나타난 큰 나무 위로 죽을 힘을 다해 올라갔고, 코끼리는 나무 위를 쳐다보며 그가 내려올 때만을 기다리고 있었다.

시간이 지나자 사나이는 배가 고프고 갈증이 나서 견딜 수가 없었다. 그는 탈출할 길을 찾다가, 나무에 얽혀 있는 칡덩굴이 아래쪽의 크고 깊은 우물로 드리워져 있는 것을 발견하였다. 그는 위험을 무릅쓰고 칡덩굴에 매달려, 조금씩 조금씩 아래로 내려가 우물 속으로 들어갔다.

그러나 우물 속에는 용이 되려다가 뜻을 이루지

못한 이무기 세 마리가 떨어지면 잡아먹겠다며 큰 입을 벌리고 있었고, 우물가에는 독사 네 마리가 혀를 날름거리며 잔뜩 노려보고 있었다.

식은땀을 흘리면서 목숨 줄인 칡덩굴에 꽉 매달려 있었지만, 차츰 힘은 빠지고 손은 저려왔다. 그나마 빨리 떨어지라고 우물 위쪽에서 흰 쥐와 검은 쥐가 교대로 칡덩굴을 야금 야금 갉아먹고 있는 것이 아닌가!

'죽었구나' 싶어서 칡덩굴만 잡고 있는데, 갑자기 입 속으로 달콤한 액체 한 방울이 들어왔다. 고개를 들어 보니 벌이 나무 구멍에 지어 놓은 벌집에서 꿀이 한방울씩 똑똑 떨어지는 것이었다.

'아, 달콤한 이 맛!'

그 달디 단 꿀은 모든 것을 잊게 하였다. 사나이는 달콤한 한 두 방울의 꿀을 받아먹는 재미에 현재 그가 처해 있는 인생의 괴로움과 죽음의 두려움을 모두 잊어버리고, 꿀이 떨어지기를 기다리며 마냥 매달려 있었던 것이다.

스님은 오도悟道 후에도 이 안수정등의 이야기를 자주 들려주시며 다음과 같이 풀이하셨습니다.

"안수정등岸樹井藤은 인생을 벌판〔岸〕과 나무〔樹〕와 우물〔井〕과 칡덩굴〔藤〕로 엮어서 만든 이야기이다.

가없이 넓은 들녘에 태어나서 죽음을 향해 가는 인생살이. 그곳에는 생로병사生老病死의 욕화欲火가 사방으로부터 끊임없이 일어나고 있으며, 그 벌판에 사는 무상無常의 살귀殺鬼인 미친 코끼리는 특정한 때를 가리지 않는다.

코끼리를 피해 올라간 나무는 사람의 몸이고, 아래의 우물은 황천, 칡덩굴은 목숨이다. 언제나 황천을 향하고 있는 우리의 몸은 칡덩굴에 의지하여 잠시 목숨을 부지하고 있다.

하지만 탐욕과 성냄과 어리석음의 삼독三毒은 세 마리의 이무기가 되어 입을 벌리고 있고, 육체의 구성요소인 지·수·화·풍地水火風의 네 마리 독사는 죽은 뒤 육체의 기운을 다시 회수해 가기 위해서 기다리고 있다.

더욱이 해와 달을 상징하는 흰 쥐와 검은 쥐는 번갈아 가면서 세월을 갉아먹고 있는 것이 아닌가? 세월이 흘러 칡덩굴을 다 갉아먹으면 우물 속 황천으로 떨어질 수 밖에 없다.

그렇지만 오욕락五欲樂의 꿀물은 너무나 달콤하다. 무상이 눈앞에 가득하지만 달콤한 꿀 한 방울 받아먹는 재미로 생사를 뛰어 넘는 공부를 팽개치고 죽어가는 것이다."

그리고 스님께서는 결론을 맺습니다.

"자, 이 형국이 어떠한가 한번 상상해 보

라! 우리가 이 세상에 살면서 온갖 걱정을 하
는데, 자식 걱정 돈 걱정 따위는 이것과 비교
가 되지 않는다. 그럼 어떻게 해야 하느냐?
지금이라도 인생의 무상함을 올바로 직시하
고 무상발심無上發心을 하여야 한다."

꿈

오도 후에 꾼 여덟 번의 꿈

이 '안수정등'의 법문에서처럼 무상하기가 그지없는 것이 인생살이입니다. 그러나 무상하기 그지없는 이 인생도 꿈과 같은 것이요, 무상함 그 자체도 꿈이기에 깨어나야 합니다.

꿈에서 깨어나는 것. 이것이 각몽覺夢입니다. 그리고 이 꿈에서 완전히 깨어나신 분, 대각몽大覺夢을 하신 분이 부처님이요 조사들입니다.

꿈. 그렇다면 꿈이란 무엇인가? 먼저 경봉스님께서 실제로 꾼 꿈부터 살펴봅시다.

스님의 일지日誌에는 오도 후에 꾼 여덟 번

의 꿈 이야기가 기록되어 있습니다. 이 일지 속의 꿈에 관한 기록은 도인이 꾸는 꿈의 내용이 어떠한 것이며, 꿈의 실체가 무엇인지를 살펴볼 수 있게 합니다.

① 1930년 2월 25일 새벽, 낙산사 홍련암紅蓮庵 관음굴에서 스님은 삼칠일(21일) 관음기도를 하였다. 스님은 한 점의 번뇌 없이 마음을 하나로 모아 관세음보살을 불렀고, 기도의 여가에 참선을 하는 것도 잊지 않았다.

기도를 시작한 지 11일째 되던 날, 선정에 잠겨 있던 스님은 드디어 몽중가피夢中加被를 입었다. 비몽사몽非夢似夢 간에 흰 옷을 입은 백의관음白衣觀音이 푸른 물결 출렁이는 바다 위를 걸어서 스님의 눈앞에 이르는 것이었다. 스님은 기쁘고도 놀라웠다.

꿈에서 깨어났을 때 관세음보살은 눈앞에 있지

않았지만, 스님의 정신은 그렇게 쾌락快樂하고 맑을 수가 없었다. 스님은 이날 의상대 앞에 소나무 한 그루를 심었다.

② 1937년 12월 9일 오전 1시 30분, 스님은 문상하는 꿈을 꾸었다. 어느 절에서 경허鏡虛 선사가 열반하셨다는 전갈이 와서, 스님은 통도사 대표로 제물祭物을 전하러 갔다. 때마침 영단에는 많은 제물이 차려져 있었는데, 경허선사의 큰 제자인 혜월慧月 선사가 제사상을 주장자로 세 번 치고는 제물들을 모두 거두어서 가버렸다.

스님은 가지고 간 제물을 영단 앞에 차려놓고, 대나무로 만든 채찍을 쥐고 일어나며 질문을 던졌다.

"이러한 때를 당하여 어떠한 것이 화상和尙의 법신法身입니까?"

그 순간 제물 속에 있던 대추 하나가 날아와 스님의 입을 때리고 땅에 떨어졌다. 스님은 다시 말하였다.

"화상이 그렇게 할 줄 알았으나 오히려 다하지 못하였으니, 다시 한 번 이르시오."

그리고는 꿈에서 깨어났다. 인적이 드문 밤, 대웅전에서는 종소리가 울려 퍼지고 있었고, 하늘에는 밝은 달이 교교하게 흐르고 있었다.

그러나 그 꿈에는 아직 미진함이 있다는 것을 스님은 잘 알고 있었다. 과연 그 꿈에서 아직 다하지 못한 점은 무엇이란 말인가? 스님은 한 편의 게송으로 꿈과 현실과 진리의 세계를 매듭지었다.

법신 일로一路를 영가에게 물었더니
붉은 대추 날아와 눈 앞에 떨어지네
최후의 활구活句를 오히려 끝내지 못했는데
종소리에 단꿈 깨니 달은 하늘에 둥실 떴네

　　法身一路問靈駕　　법신일로문영가
　　紅棗飛來落眼前　　홍조비래낙안전
　　最後活句猶未了　　최후활구유미료
　　鐘惺甘夢月圓天　　종성감몽월원천

③ 1938년 12월 22일, 부산 복천사에서 잠을 자다가 한 승려와 법담法談을 나누고 아육왕탑阿育王塔을 친견하는 꿈을 꾸었다.

④ 1959년 2월 13일 오전 1시, 자갈밭에서 호박瑚璞 등의 칠보七寶를 캐는 꿈을 꾸었다.

⑤ 1959년 8월 3일 새벽, 꿈속에서 한 구절의 시를 지었다.

바른 법으로 관하면 참된 법이 나타나고
　　正法觀時眞法現　　정법관시진법현

꿈에서 깨어난 뒤 스님은 이 시의 짝이 되는 구절을 읊어 시를 완성시켰다.

삿된 마음 없어지면 본심과 통하네
　　邪心滅處本心通　　사심멸처본심통

⑥ 1963년 8월 17일 새벽 2시, 석불石佛이 나타나 물속이나 땅 위에서 의탁할 곳을 잃고 떠돌아다니는 수륙水陸의 고혼孤魂을 천도遷度해 주라는 꿈을 꾸었다.

⑦ 1966년 5월 13일, 스님은 꿈에서 불조佛祖의 법을 서로 전하고 받는 자리에 참석하고 있었다. 스님은 열심히 듣는 듯이 하다가 대중 앞에서 게송을 읊었다.

원래 이 법은 전수할 것이 없어
끊임없이 이어졌지만 예배하지 않네
　　元來是法無傳受　　원래시법무전수
　　繼繼相承不禮拜　　계계상승불예배

⑧ 1966년 5월 30일 새벽 4시, 죽음과 관련된 꿈을 꾼 스님은 이렇게 표현하였다.

"나와 대월大越 선사가 함께 앉아 있는데, 책상 위의 망건을 쓴 네 사람 중에서 한 사람이 내려왔다. 그는 우리 두 사람 중에 누가 먼저 갈 것이라 하였다. 나는 그 사람을 따라 병풍 뒤로 가서, '내 나이 몇 살에 가겠느냐?'고 물었더니 '90은 넘기겠다'고 하였다. 꿈을 깨고 보니 일장춘몽이더라."

그때의 스님 나이는 75세. 스님은 일지에서 일장춘몽一場春夢이라 표현하였으나, 실제로 스님은 91세에 입적하셨다.

꿈은 우리의 한 생각

경봉 큰스님께서 꾸신 이상의 꿈은 우리가 일상적으로 꾸는 꿈과는 매우 다릅니다. 하나하나가 모두 도道와 직결되어 있음을 분명히 느낄 수 있습니다.

하지만 도인이나 속인이나 꿈과 현실은 결코 둘이 아닙니다. 언제나 도와 더불어 살면 꿈도 도와 함께 하고, 세속의 잡사雜事에 시달리며 살면 꿈도 번잡하기 마련입니다.

그렇다면 번뇌의 현실 속을 살아가고 있는 우리들에게 있어 꿈은 과연 어떠한 것인가?

스님은 법회 때 자주 말씀하셨습니다.

"꿈은 한갓 생리적인 작용에 불과한 것이다. 사람들은 누구든지 잠을 자다가 꿈을 꾸게 된다. 그리고 꿈을 꾼 다음에는 해몽解夢을 하려고 한다. 왜냐하면 그 꿈이 나에게 좋은 꿈인지 나쁜 꿈인지를 알고 싶기 때문이다.

그러나 꿈은 허망한 것이다. 아무것도 아닌 허망하기 짝이 없는 꿈같은 꿈은 해몽할 필요가 없다. 어떤 꿈을 꾸더라도 그것을 생각할 것도 없고 관심을 가질 필요도 없으며, 꿈 풀이를 위해 헛되이 마음을 쓰지 말아야 한다."

꿈은 우리의 '한 생각'과 함께 합니다. 밤에 꾸는 꿈만이 꿈이 아니라, 우리의 한 생각이 곧 꿈입니다. 한 생각 일어났다가 사라지는 것, 그것이 꿈인 것입니다.

지어낸 꿈을 풀이하여 맞춘 해몽가

그래서 스님께서는 꿈과 관련된 한 편의 옛이야기를 함께 들려주시기를 잊지 않았습니다.

어느 나라에 유명한 해몽가解夢家가 있었다. 그러나 그 나라의 임금은 꿈을 허망한 것으로 여겼

으므로, 꿈을 풀이해 주고 생계를 유지한다는 것은 사람을 속이는 행위일 수밖에 없는 것이라 단정하였다. 임금은 그 해몽가를 대궐로 불러들인 뒤 벌을 주기 위해 거짓으로 지어낸 꿈을 풀이하도록 했다.

"짐이 간밤에 꿈을 꾸었는데, 대궐의 기왓장 하나가 비둘기로 변해서 날아갔노라. 이것이 무슨 조짐인가?"

해몽가는 주저 없이 아뢰었다.

"예. 그것은 궁중 안에서 사람 한 명이 죽을 징조입니다."

꾸지도 않은 꿈을 거침없이 해석하는 해몽가의 말이 임금에게는 엉터리 수작으로 밖에 느껴지지 않았으므로, 즉시 옥에 가둘 것을 명하였다. 하루 정도를 지낸 뒤 세상을 미혹하게 하는 요사스러운 자를 처단하여 다시는 해몽에 현혹되는 일이 없게끔 하겠다는 것이 임금의 뜻이었다.

그러나 한나절이 지나자 궁녀들끼리 싸움을 하

다가 한 궁녀가 죽고 말았다. 임금은 너무나 이상하였다.

'꾸지도 않은 꿈 이야기를 지어 내어서 한 것인데, 어떻게 해몽대로 사람이 죽는다는 말인가?'

임금이 해몽가를 불러서 마음속의 생각을 털어놓자 해몽가는 다음과 같이 답하였다.

"실로 꿈이란 허망한 것입니다. 그러나 잠을 잘 때 꾸는 것만이 꿈은 아닙니다. 눈을 뜨고도 한 생각이 일어나면 그것이 곧 꿈입니다. 저는 임금님의 일어난 한 생각을 풀이한 것입니다."

이 말에 크게 깨달은 임금은 해몽가에게 후한 상을 내려 돌려 보냈다.

⚇

이 꿈 이야기처럼, 좋은 생각이든 나쁜 생각이든 한 생각 일어나면 그것이 곧 꿈입니다. 무엇을 환몽幻夢이라 하고 무엇을 진몽眞夢이라 할 것입니까? 마음이 어둡지 않으면 모두가 참됨이요, 마음이 밝지 못하면 모두가 그림자 같은 꿈일 수밖에….

기쁨도 꿈이요 슬픔도 꿈입니다. 즐거움도 괴로움도 모두가 꿈속의 일입니다. 기왕 꿈일 바에야 맑고 밝은 마음으로 꾸는 진몽眞夢이어야 하고, 나와 남을 함께 살리는 깨어 있는 꿈이어야 합니다.

그러나 중생은 꿈속에서 다시 꿈을 꿉니다. 밤꿈 뿐만 아니라, 끊임없이 낮꿈을 꿉니다. 더욱이 그 마음을 넉넉히 사용하지 못하게 되면 한 겹 한 겹 번뇌의 안개로 더욱 짙게 시야를 가려, 몽롱한 꿈속에서 배회하게 되는 것입니다.

실패에 직면 하였다면

그래서 스님께서는 늘 깨우쳐 주셨습니다.

"부처님의 제자들은 부처님의 올바른 가르침을 믿고 수행해야 하며, 올바른 생각으로 자신을 지키고, 진실한 생각으로 마음을 항상 편안하게 하여, 헛된 꿈에서 깨어나 참으로 멋들어지게 살아야 한다."

아울러 마음을 넉넉하게 쓸 것을 강조하셨습니다.

"느긋한 마음으로, 모든 일에 당기면 늘어지고 놓으면 오므라드는 신축성을 가지고 대하면서, 관대하게 다른 사람을 포용하라."

결국 인생의 실패란 무엇입니까? 환몽幻夢 속에 갇혀서 허둥거리다 죽어가는 인생살이를 말하는 것이 아닙니까? 그래서 스님께서는 그림자 꿈에서 깨어나려면 물질과 사람을 초월한 정신을 가지고 멋들어지게 살아야 한다는 것을 강조하셨습니다.

그리고 지금은 비록 실의와 실패에 직면해 있다고 할지라도, 닫힌 마음을 열어서 사바세계를 무대로 연극 한바탕 멋있게 할 때 그 비극은 참꿈으로 바뀐다고 하셨습니다.

낙엽이라도 아주 활기로와서
바람과 비에 하늘 가득 훨훨 난다
落葉方能生活氣　　낙엽방능생활기
滿天風雨碧空飛　　만천풍우벽공비

이 시를 읊으신 다음 스님은 말씀하셨습니다.

"낙엽이 땅에 떨어져 있으면 사람도 밟고 개도 밟아 아무 가치도 없는 것이지만, 그 낙엽도 비바람을 타고 벽공을 활기롭게 날 때가 있다. 낙엽도 벽공을 풀풀 나는데 만물 중에 가장 슬기로운 사람이 좀 실패했다고 해서 근심걱정에 잠겨 있대서야 되겠는가! 다시 정신을 가다듬고 힘을 내야 한다.

한 생각 비우고 생생한 산 정신으로 일하면 '절후絶後에 갱생更生이라', 길이 끊어진 곳에서 다시 사는 수가 있으니, 근심걱정하지 말고 사바세계를 무대로 삼아 연극 한바탕 멋지게 해야 한다.

그까짓 근심걱정은 냄새나는 죽은 마음이다. 산 정신으로 부처님의 가르침에 합치해서 살아가길 바란다."

꿈! 살아 있는 꿈. 그것이 비록 꿈이기는 하지만 진리와 통하는 것임을 깨우쳐, 몽환 속을 배회하는 그들에게 힘과 용기를 주셨던 것입니다.

자성불自性佛

깨달아 아는 것이 사람의 성리

이제 우리는 깨어나야 합니다. 생생한 산 정신으로 꿈에서 깨어나 무상無常을 넘어서고, 이 사바세계를 무대로 삼아 맡은 바의 배역을 한바탕 멋있게 연출하는 참된 생활인이 되어야 합니다. 그리고 한 걸음 더 나아가 부처님의 아들딸답게 부처의 자리를 향해 나아가야 합니다.

부처님의 자리! 과연 어떻게 해야 그 자리로 나아갈 수 있는가?

스님께서는 무엇보다 먼저 '자성불自性佛의 진리를 깨우쳐야 한다'고 하셨습니다. 우리의 자성이 부처라는 것을 깨우쳐야 한다는 것입니다.

"부처(Buddha)를 번역하면 각자覺者요, 각은 깨달음이다. 무엇을 깨닫는가? 내 마음의 본성인 진아眞我, 참된 '나'를 깨닫는다는 것이다.

뜨거운 것은 불의 성리性理요 젖는 것은 물의 성리이듯이, 일상생활의 모든 일 속에서 깨달아 아는 것이 사람의 성리요, 올바로 깨달아 아는 이가 곧 부처이다.

따라서 모든 도행道行은 자기의 본성자리를 깨달아서 통달하는 오도悟道의 행위로 집약되어야 한다."

그럼 깨달을 줄 아는 주인공은 무엇인가? 부처는 그 주인공 밖의 존재인가? 아닙니다. 깨달아 아는 주체는 마음입니다. 그리고 마음에 대한 깨달음이 온전한 이가 부처입니다. 그래서 스님께서는 강조하셨습니다.

"마음과 부처는 둘이 아니다. 마음을 떠나서 별다른 부처가 없고 부처를 떠나서 따로이 마음이 없나니, 마음 청정한 것이 곧 자성의 부처〔自性佛〕이다."

석가모니부처님께서 6년 고행 끝에 발견한 것은 '자성불自性佛'이었습니다. 능히 보고 듣고 깨달아서 아는 자기 부처를 발견하셨고, 이 자성불을 발견함으로써 우주의 진리를 체득하신 것입니다.

그 진리를 스님은 '도道'라 하셨고 우리 인생의 생명이라고 하셨으며, 이 진리를 찾아야만 자기의 참생명을 찾을 수 있다는 것을 언제나 강조하셨습니다.

온몸 그대로가 다 부처

"자기의 참생명을 찾으려면 자성불을 발견하라."고 가르치신 스님은 우리의 마음뿐만 아니라 감각기관 그 하나하나에 까지도 부처님이 있고, 그 부처님이 언제나 설법을 하고 있다는 것을 깨우쳐 주셨습니다.

"양쪽 눈에는 일월광명세존日月光明世尊이 있어서 상주설법常住說法을 한다. 귀에는 성문여래聲聞如來라는 소리를 듣는 부처님이 있어서, 온갖 소리를 듣고 나서 알려주는 것으로 설법을 한다. 코에는 온갖 냄새를 다 아는 향적여래香積如來가 있어서 언제나 설법을 하고, 입에는 법희여래法喜如來가 있어서 끊임없이 설법을 한다.

그런데도 사람들은 자기에게 있는 부처님의 법문은 들을 줄을 모른다. 오히려 어디서 법문을 한다고 하면 그곳을 찾아가기 바쁘고, 자기 양심의 소리보다는 다른 사람의 말만을 들으려 한다.”

스님의 이와 같은 법문에 대해 누군가는 의문을 던질 것입니다.

“무상하고 냄새나는 이 몸뚱이가 어떻게 부처일 수 있는가?”

그런데 스님께서는 ‘이와 같이 경이에 찬 질문을 할 수 있는 이라면 능히 자기한테 있는 부처를 찾아 나아갈 수 있고, 반드시 자기의 온몸 그대로가 부처라는 진리를 깨닫게 될 것’이라고 하셨습니다.

『화엄경』에서는 “눈 · 귀 · 코 · 입뿐만 아니라 뭇 생명 있는 이의 털구멍 하나하나에도 부처님이 있다.”고 하였습니다. 그러나 중생은 우리의 몸을 무상하고 하잘 것 없는 것으로 파악합니다. 그리고 눈에 보이고 귀에 들리는 것만을 집착하고 받아들이고자 합니다.

　그러나 산 정신으로 살려면 우리의 감각기관 모두가 살아 있어야 합니다. 그곳에 언제나 살아 있는 부처가 머물면서, 있는 그대로의 빛깔을 보고 소리를 듣고 향기를 맡고 환희로운 진리의 설법을 할 수 있어야 합니다.

　하지만 범부는 그 감각기관에 때로는 천상의 아리따운 선녀를, 때로는 투쟁적인 아수라나 욕심 많은 아귀를, 때로는 어리석은 축생이나 지옥찌꺼기와 같은 종자를 앉혀 놓습니다. 그래서 스님은 자주 경책하셨습니다.

　"우리의 몸은 무어라 말할 수 없을 정도로 좋은 보배이다. 이 보배를 참으로 잘 써야 할텐데, 보검으로 소 잡고 개 잡듯이 잘못 쓰다가 땅 밑으로 들어간다."

생불이 계신 석가탑과 다보탑

그리고 부처를 상징하는 탑이 사람의 몸과 같은 구조를 갖추고 있음을 비유로 들어 설명하셨습니다.

"불국사에는 석가탑과 다보탑이 있다. 열반에 드신 석가모니를 상징하는 석가탑은 5층이고, 열반에 들지 않으신 다보여래多寶如來를 상징하는 다보탑은 11층인데, 우리의 몸은 석가탑도 되고 다보탑도 된다.

왜 5층의 석가탑인가? 발목까지 일층, 무릎까지 이층, 허벅지까지 삼층, 허리까지 사층, 목까지 오층이니, 석가탑은 우리 몸을 상징적으로 표현한 오층탑이다.

어째서 11층인 다보탑이 되는가? 오층 석가탑에다 손가락과 팔의 관절 여섯 부분을 합하면 11층이 된다. 팔을 번쩍 들어 올리면

11층의 다보탑이 되고, 내리면 5층의 석가탑이 되는 것이다.

석가탑에는 부처님의 사리舍利만 봉안되어 있지만, 자기 5층 석가탑에는 생불生佛이 들어 있어서 오고 가는데 자유자재하다. 아주 편리한 오층탑인 것이다.

우리가 정신을 집중하는 목적은 불생불멸 不生不滅의 참된 생명을 갖자는 데 있다. 욕락欲樂과 근심걱정에 묻혀서 살아가는 허무한 생활을, 본래의 티 없이 맑고 깨끗한 마음자리로 환원還元해야 한다는 말이다. 마음의 당체當體로 환원하여 자성불을 나투어낼 때 우리는 부처가 되는 것이다."

그럼 어떻게 해야 참 나인 자성을 회복하고 부처님이 될 수 있는가? 그 방법에 대한 경봉 큰스님의 가르침은 다음 장에서 살펴보고자 합니다.

바라옵건대 무상하고 꿈같은 인생의 실체를 한 번잘 돌아보십시오. 인생무상人生無常을 크게 느끼면 느낄수록 무상보리심無上菩提心을 확고히 발할 수 있으며, 무상보리심을 확고히 발하면 그만큼 자성불自性佛의 증득이 빨라집니다.

이 무상하고 꿈같은 인생! 일어나는 한 생각 따라 갈팡질팡하는 이 인생유전을 도행道行으로, 행복의 길로 바꿀 수 있는 기회는 '지금 이 순간'입니다. 지금 이 순간에 다시 한 번 인생의 실체를 돌아보고 부처님 되는 길로 나아가시기를 두 손 모아 축원 드리면서 다음 장으로 넘어 갑니다.

Ⅲ

참 생명을 찾는
공부

인생의 4대의혹과 참선

인생의 4대의혹

　본격적인 참선정진의 길에 뛰어들어 도를 깨닫는 분들에게는 특별한 계기가 있기 마련입니다. 경봉큰스님도 마찬가지였습니다. 무엇보다도 출가 때부터 품고 있었던 인생의 4대의혹四大疑惑을 해결하고 싶어하셨습니다.

　인생의 4대의혹.

　① 자기가 자기를 모르니, 이 몸을 끌고 다니는 주인공이 무엇인가?

　② 뚜렷이 밝고 지극히 신령한〔昭昭靈靈〕이 마음자리가 어디에 있다가 부모의 태중으

로 들어간 것인가?

③ 죽으면 어디로 가는가?

④ 죽는 날은 언제인가?

그런데 1914년(23세), 스님께서는 강원을 졸업하고 통도사에서 행정업무를 맡아보게 되었습니다. 절집안에서 절밥을 먹고 공부를 하였으니 절집안의 일을 돌보는 것이 당연한 일일 수도 있지만, 인생의 근본의혹을 해결하는 공부가 아닌, 절 살림을 사는 일이 그렇게 싫을 수가 없었습니다. '공부를 해서 도를 깨치고 중생을 교화하는 것이 나의 본분'이라 생각하고 있었으니 일이 손에 잡힐 까닭이 없었습니다. 그저 우두커니 자리만 지키고 있을 뿐, 업무를 익힐 생각조차 하지 않고 지냈습니다.

종일토록 남의 보배를 세어도

스님이 강원에서 경을 보던 시절, 크게 마음을 울리는 글귀가 있었습니다.

"그물에 천 코 만 코가 있지만, 고기가 걸리는 것은 한 코이다."

종일토록 남의 보배를 세어도
반 푼어치의 이익이 없다.
　　終日數他寶　종일수타보
　　自無半錢分　자무반전분

이 구절에서 큰 충격을 받은 스님은 강원일과日課 중에도 시간을 쪼개어 아침저녁 30분씩 좌선坐禪을 하였습니다.

그런데 행정업무를 맡아보았던 때에 다시 그 구절이 생각난 것입니다. 스님은 마음 깊이 다짐을 했습니다.

'자기의 본심을 깨닫지 못하면 만겁萬劫의 생사윤회生死輪廻를 면치 못하고, 속가俗家와 불가佛家의 두 집안에 모두 죄를 지을 뿐이다. 나도 이제부터는 일대사一大事를 결정 지을 참선공부를 하리라.'

이렇게 분발심을 일으킨 스님은 은사스님께 '참선공부를 하러가겠다'는 뜻을 밝혔지만, 대답은 한결같이 '안 된다'는 것이었습니다. 그러나 마음은 이미 정해져 있었습니다.

'36계 중에서도 주走자가 제일'이라고 생각하면서, '참선공부를 하러 간다'는 내용의 편지를 은사스님의 방에 남겼습니다. 그리고 통도사 불사리탑佛舍利塔 앞으로 나아가 '일대사一大事를 해결 하겠다'는 서원誓願을 세웠습니다.

1915년 3월 그믐날, 걸망을 챙긴 스님은 금방이라도 쏟아질 듯한 별빛을 받으며 통도사를 떠났습니다.

"통도사야 잘 있거라. 나는 공부하러 간다."

혼잣말을 허공에 뿌리며 밤새 걸어 양산 내원사內院寺로 간 스님은 당대의 고승인 혜월慧月선사를 뵈었습니다.

"어찌하여 왔노?"

"참선공부 하러 왔습니다."

"그 기특하구먼."

그러나 천진도인天眞道人 혜월노장은 『선문촬요禪門撮要』를 펼쳐놓고 전문 강사들도 잘 새기지 못할 문장을 가리키며 새겨보라고 했습니다.

"잘 모르겠습니다."

"있는 것도 아니고 없는 것도 아니거든!"

참선을 배우고 싶었던 스님은 자상하게 가

르쳐 주지 않는 혜월노장의 태도가 불만스러웠습니다. 하여 혼자 생각했습니다.

'노장이 무식해서 사람 지도하는 방법을 모르는구나. 여기 있은들 공부는커녕 통도사로 잡혀가기 십상이다….'

스님은 내원사에서 하룻밤을 머문 다음 해인사 퇴설당堆雪堂 선원으로 갔고, 그곳에서 참선정진을 시작했습니다.

무엇이 보고 듣는가

이렇듯 스님을 참선의 길로 깊이 들어서게 한 것은 인생의 4대의혹이었습니다.

이와 같은 의혹을 품고 있는 것은 스님만이 아닙니다. 사람이라면 누구나 이와 같은 의혹을 품기 마련입니다. 하지만 일상생활 속에서 먹고 입고 살아가는 각박한 현실에 쫓기고, 돈과 사람의 문제에 결박 당한 채 죽음을 향해 뛰어가는 상황에 휩싸여, 모든 의혹을 뒷전으로 뒷전으로 미루는 것입니다. 그래서 스님께서는 늘 말씀하셨습니다.

"인생의 네 가지 의혹 중에서 뒤의 셋은 마다하더라도 참된 주인공이 무엇인지는 알고자 해야 한다. 스스로를 되돌아 봐라.

하루 세끼 밥을 먹으면서도 밥 먹는 놈을 모르지, 하루 종일 걸어도 걷는 놈을 모르지, 하루 종일 보아도 보는 놈을 모르지, 하루 종일 소리를 들어도 듣는 놈을 모른다. '듣는 것이 무엇이고 말하는 것이 무엇이냐'고 되물어도 그저 '모르겠다'는 메아리뿐이다. 매일매일 이 놈을 쓰면서도 모른다고 하니 점점 가슴이 답답해질 뿐이다.

상식으로야 입이 밥을 먹고 다리가 걷는다

고 할 수도 있다. 그렇다면 죽은 송장도 다리가 있으니 걸을 수 있고, 눈이 있으니 볼 수 있을 것이 아닌가. 송장은 볼 수도 들을 수도 걸을 수도 없다. 무엇인가 분명히 보고 듣고 걷게 하는 놈이 있는데, 그것이 무엇인가를 알아야 할 것이 아니겠는가!"

'이 무엇고' 화두 드는 법

잘 살려면 참선을 하라

이러한 결심이 섰으면 참선공부를 통하여 참된 주인공이 무엇인지를 찾고자 해야 합니다. 그럼 참선이란 무엇인가? 큰스님께서는 이렇게 정의하셨습니다.

"참선은 도요, 도는 진리이며, 진리는 인생의 자기 생명을 찾는 일이다. 우리가 목숨을 바쳐서라도 그 마음을 안주시킬만한 안심입명처安心立命處로 돌아가는 것이다.

어떻게 살아야 잘 사는 것인지 삶의 문제를 한번 생각해 보라. 잘 입고 잘 먹고 높은 지

위에 오르는 것이 잘 사는 것인가?

그런데 무엇 때문에 사는지, 그 사는 목적마저 아는 사람이 별로 없다. '일을 합네'하고 바삐 지내지만, 죽으면 그만이지 무슨 특별한 자취가 있는가?

무엇 때문에, 무엇을 위해서 사는 것인가? 그 사는 목적이 무엇인가를 깊이 생각해서 참선 수행을 하되, 무어라고 말할 수는 없지만 역력하고 외로운 경지가 눈앞에 나타날 때까지 용맹정진勇猛精進을 해야 한다."

참선공부는 화두에 의지하여

그럼 무엇에 의지하여 참선공부를 하는가? 그 의지처는 바로 화두話頭입니다. 화두를 들고 참선공부를 하는 것입니다.

화두는 무려 1천 7백가지나 됩니다. 그 중에서 스님은 이 몸 끌고 다니는 주인공을 밝히는 '이 무엇고〔是甚麽〕' 화두와 부모 태중으로 들어가기 전의 본래 면목을 밝히는 '부모미생전본래면목父母未生前本來面目' 화두로 많은 후학들을 지도하셨습니다. 특히 '이 무엇고'에 대해서는 많은 말씀이 있었습니다.

"나에게 찾아오는 사람들에게 '이 몸 끌고 다니는 것이 무엇인가'를 물으면 '모르겠다'고 하는 이가 대부분이다. 그리고 어떤 이들은 '마음이요'라고 답한다. 그래서 '마음이 어떤 것이냐'고 물으면 '모르겠다'고 한다. 또 어떤 사람은 '정신' 또는 '혼'이라고 대답을 하지만, 정신이 어떤 것이고 혼이 무엇이냐고 물으면 역시 모른다고 대답한다.

그러니 무엇이 이 몸을 끌고 다니는지를 모르고 있는 것이다.

이 몸은 이론적으로, 과학적으로, 생리적으로, 철학적으로 따져 봐야 부모의 물건이다. 결국 남의 물건을 받아가지고 끌고 다니는 것일 뿐, 이 몸이 진짜 주인공은 아니다. 이 몸을 운전하는 운전수가 바로 참된 나인 것이다.

남의 차를 잠시 얻어 타도 운전수가 누구인지를 알아보기 마련인데, 이 몸을 수십 년이나 끌고 다니면서 주인공을 모르고 있으니 될 말인가!"

스님은 '마음 · 정신 · 혼' 등의 거짓 이름에 현혹되지 말고, 오로지 지극한 의심으로 이 '시심마' 화두를 타파하라고 하셨습니다.

"보고 듣고 깨닫고 아는 주인공, 밥 먹고 옷 입고 대소변 보고 산 송장 길 위에 끌고 다니는 주인공이 무엇인가?"

"이 몸 끌고 다니는 주인공이 무엇인가?"

"이 무엇인고?"

"무엇고?"

"?"

이와 같이 끊임없이 스스로에게 묻되 고양이가 쥐를 잡듯이, 닭이 알을 품듯이, 배고픈 아기가 엄마 젖을 찾듯이, 큰 병에 걸린 이가 명의를 찾듯이 하면 반드시 큰 깨달음을 얻게 된다고 하셨습니다.

무엇이 옷 입고 밥 먹고 대소변을 보는가

그리고는 '이 무엇고' 화두를 통하여 큰 깨달음을 이룬 다음과 같은 도담을 즐겨 일러주셨습니다.

송나라 때의 대선사이신 대혜大慧스님의 제자로 도겸道謙이라는 승려가 있었다. 그는 20년 동안이나 참선을 하였지만 공부가 시원치 않았다. 얻은 바도 크게 없었고, 도가 무엇인지 도무지 캄캄할 뿐이었다. 그렇지만 열심히 선지식을 찾아다녔다.

어느 날 도반과 함께 선지식을 친견하러 가다가 문득 회의가 들었다.

'20년 동안이나 신발 수십 자루가 닳아 없어지도록 선지식을 찾아다니며 수행을 하였건만, 얻은 것이라고는 아무것도 없다. 작년에도 그렇고 금년에도 그렇고, 어제도 그렇고 오늘도 그러한데, 내일이나 내년이라 하여 별수가 있겠는가? 먼 길을 떠나 선지식을 찾아 간들 다를 것이 무엇이랴. 또 그렇고 그럴 것이 아니겠는가?'

도겸스님은 가봐야 소용이 없을 것 같아 '가지 않겠다'고 작정하였는데, 막상 마음을 정하고 나니 따분하고 서럽고 비참한 생각이 들어 왈칵 눈물이 쏟아져 나왔다.

"너 왜 우노?"

함께 가던 도반인 종원宗元스님이 묻자, 도겸스님은 크게 낙심하여 입을 열었다.

"나는 안 간다. 여지껏 내가 공부를 하겠다고 20년 동안이나 이 산 저 산을 다니며 선지식을 많이 친견하였는데, 아무런 소득이 없었고 깨달음도 얻지 못하였다. 이번에 가봐야 다를 것이 무엇이겠느냐? 이제 그만 찾아 다닐란다."

"네가 떠나자고 해놓고 지금 와서 안 간다고 하다니? 진짜 안 갈 것이냐?"

"그래."

"정말 그렇다면 내 말을 잘 들어라. 이제부터는 선지식을 만나려는 생각도 하지 말고, 네가 알고 있는 이론으로 어떠한 궁리를 해서도 안된다. 오로지 너에게 있는 다섯 가지만 알고자 해보아라. 그것만 알면 된다."

"나에게 있는 다섯 가지? 그것이 무엇인데?"

"옷 입는 것, 밥 먹는 것, 대변과 소변을 보는 것, 그리고 산송장을 실어가지고 길 위를 다니게 하는 것, 이렇게 다섯 가지다. 이것이 무엇인지를 알면 된다."

도반인 종원스님의 이 말이 떨어지기가 무섭게 도겸스님은 이 다섯 가지를 하는 진짜 주인공이 무엇인지에 몰두하여 삼매 속으로 들어갔고, 사흘 만에 활연히 깨달아 대도인이 되었다.

§

스님은 말씀하셨습니다.

"여러분은 매일매일 옷을 입으면서도 옷 입는 놈을 모른다. 무엇이 들어서 능히 옷을 입고, 또 무엇이 들어서 능히 밥을 먹는가? 음식은 입이 먹는 것이 아니다. 음식을 씹어 삼키는 한 물건이 있는데 이것을 모른다. 또 무엇이 대소변을 보는지, 산송장을 실어가지고 길 위로 다니게 하는 이것이 무엇인지를 모른다.

이 다섯 가지가 무엇인가? 이것만 알면 모든 것이 해결된다."

매일 조금씩이라도 '이 무엇고'를

진정한 주인공을 곧바로 찾아 들어가는 '이 무엇고' 화두는 생각으로 헤아리거나 관법觀法으로 보고자 하는 것이 용납되지 않습니다. 그런데도 이 화두를 참구하는 사람들 중에는 자꾸만 요리조리 머리를 굴려 따져보고,'이뭣고, 이뭣고'하며 입으로만 외우기도 합니다. 스님은 절대로 그렇게 해서는 안 된다고 하셨습니다.

또 밥 먹을 때는 '밥 먹는 이것이 무엇인고?', 옷 입을 때는 '옷 입는 이것이 무엇인고?', 걸을 때는 '걷는 이 놈이 무엇인고?' 하면서 화두를 드는 사람이 있는데, 이렇게 해서도 안 된다고 하셨습니다.

다만, 밥 먹고 옷 입고 앉고 서고 산 송장 길 위에 끌고 다니는 이것 모두가 오로지 '이 무엇고'라는 의문 속에 함께 들리게끔 하여야지, 요리조리 따지려 드는 것은 절대 금물이라고 힘주어 말씀하셨습니다.

그리고 스님은 수도에 전념할 수 없는 재가 불자들에게도 화두를 참구할 것을 항상 권장했습니다.

"호흡만 떨어지면 죽게 되고, 죽으면 곧 내생來生이다. 우리가 사는 것이 전부 남의 다리 긁는 것과 같은 것이니, 나를 내 뜻대로 하려면 나의 진짜 주인공을 찾아야 하고, 나

의 진짜 주인공을 찾으려면 정신을 통일해야
한다.

　우리들의 생활은 무척 바쁘고 고되다. 아무
리 바쁘더라도 주인공을 찾아 보겠다는 생각
만 있으면 정신통일을 시도해 보는 것이 그렇
게 어려운 것만은 아니다."

　"우리가 일상생활을 하는 가운데 아홉 시
간 일하고 다섯 시간 쉬고 여섯 시간 자면 네
시간이 남는데, 이 네 시간을 무료하고 한가
하게 보낼 것이 아니다. 네 시간이 다 안 되
면 한 시간 또는 30분이라도 좋으니, 조금씩
매일 화두를 들어야 한다. 이것이 계속되면
자신도 모르게 정신이 집중되고 무어라 표현
할 수 없는 묘妙를 얻게 된다."

　비록 견성성불見性成佛은 못하더라도, 정신
이 집중되면 관찰력과 판단력이 빨라지고 기

억력이 좋아지고 하찮은 생각이 바른 생각으로 돌아서고 몸에 병이 없어지고 맑은 지혜가 나서 사농공상士農工商의 경영하는 모든 일들이 다 잘되게 된다고 하시면서, 재가인들도 참선할 것을 적극 권장하셨던 것입니다.

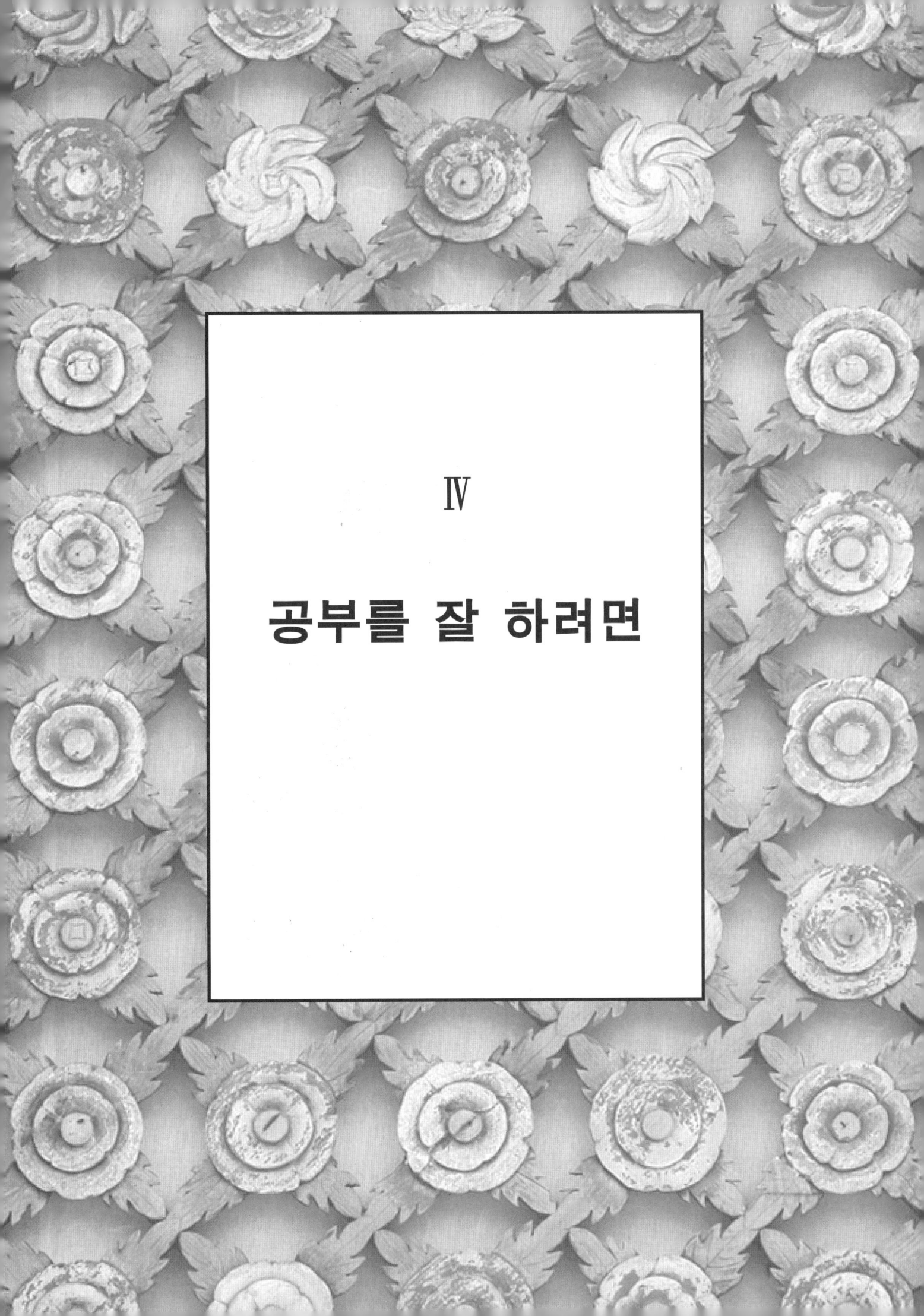

IV

공부를 잘 하려면

졸음과 망상에 빠질 때

눈물을 흘리며 극복하라

하지만 화두를 참구하며 참선정진을 하는 데는 많은 어려움이 따릅니다. 특히 망상과 졸음과 혼침昏沈과 산란散亂에 지겹도록 시달려서 스스로 용기를 잃고 물러서는 것입니다.

스님에게도 그러한 과정이 찾아왔습니다. 해인사 퇴설당선원에서의 첫 안거부터 졸음과 망상妄想에 시달리기 시작한 것입니다. 번뇌망상이 죽 끓듯 하지 않으면 졸음이 밀물처럼 밀려왔고, 그것을 극복하기가 참으로 어려웠습니다. 그야말로 죽을 지경이었습니다. 당시 정진할 때의 모습을 스님은 뒷날 이렇게 회고

했습니다.

　"어찌나 심하게 졸음이 오고 망상이 일어나던지 공부가 잘 안 되더라. 혼침昏沈과 산란散亂을 끊기 위해 기둥에다 머리를 받기도 하고 허벅지를 멍이 들도록 꼬집고 얼음을 입 속에 물기도 하였다. 그러나 그것도 그때뿐이었다.

　'전생의 업장業障이 얼마나 두텁기에 앉으면 졸고, 졸지 않으면 망상에 빠지는가?'

　생각할수록 한심하여 장경각藏經閣 뒷산에 올라가서 여러 차례 울기도 하였고 고함도 쳐 보았다. 다리를 뻗고 울던 그곳을 얼마 전에 가 보았더니, 풀만 무성하고 뻐꾸기 소리만 뻐꾹뻐꾹 나더라….”

　스님께서는 당시 졸음과 망상을 쫓기 위해 얼음을 물거나 머리를 부딪치는 방법을 쓴 것은 옳은 지도자를 만나지 못했기 때문이라고 후회하시면서, 후학들에게는 이렇게 하지 말 것을 이르시곤 하셨습니다. 스님이 일찍 치아를 버리신 것도 이 때 얼음을 많이 물어 풍치가 생겼기 때문이었습니다.

하지만 졸음과 망상을 이기지 못하는 수좌들에게는 가끔씩 '울어라'고 하셨습니다. 간절한 마음으로 자기 극복을 위해 흘리는 뜨거운 눈물이야말로, 묵은 업장을 녹이고 공부를 돕는 참눈물이라는 것을 일깨워 주신 것입니다.

나도 대장부다

그리고 용기를 잃은 후학들에게는, 절대로 수행을 중단하거나 끝을 향한 고삐를 늦추지 말 것을 간곡히 당부하시곤 했습니다.

"날이 훤하게 새자면 다시 캄캄해졌다가 밝아지듯이, 참선수행을 하는 것도 이와 같은 것이다.

초목이 추운 겨울에는 꽁꽁 얼었다가도 봄이 오면 다시 잎이 나고 꽃이 피는 것처럼, 우리 수도인들도 뼈를 갈고 힘줄이 끊어지는 듯한 고통을 참아가며 피나는 노력을 해야 온누리 속에서 홍일점紅一點과 같은 찬연한 진리의 광명을 얻을 수 있다.

바다는 온갖 시냇물과 작은 물줄기가 강으로 합해진 뒤에 이루어지는 법이요, 하늘도 맑은 공기가 충만해서 새파랗게 보이는 것이지, 본래 하늘에 푸른 것이 있는 것은 아니지 않은가?

우리가 공부를 할 때 졸지 않으면 망상에 시달리게 되지만, 물방울이 비록 작으나 모이고 합쳐져서 큰 바다를 이룬다는 것을 알고 꾸준히 공부하지 않으면 안 된다.

석가여래가 별다른 이인가! 자기도 대장부
요 나도 그러하니, 용기를 내어서 하면 못 이
룰 것도 없는 것이다.”

격려하여 용기를

신심과 분발심과 대의정

아울러 스님께서는 참선수행 하는 이의 기본 요건으로 세 가지를 늘 일러주셨습니다.

"참선 수행을 하려면 집에 주춧돌을 놓듯이 먼저 큰 원력願力을 세워서 대신심大信心을 일으키고, 옛 성현들처럼 기필코 내 마음을 깨우치겠다는 대분발심大憤發心을 내어야하며, 화두에 대한 큰 의심〔大疑情〕을 가져야만 부처나 조사의 관문을 통과할 수 있다. 이세 가지를 먼저 갖추어야 한다."

솥의 세 발과 같은 대신심과 대분발심과 대의정을 갖추면 누구나 흔들림 없이 오도의 경지를 향해 나아갈 수 있습니다.

그런데 스님께서는 꾸중이나 나무람보다는 늘 '자상함'으로 이 셋을 갖출 수 있게끔 격려를 하시고 용기를 북돋아 주셨습니다. 이와 같은 자상함은 스님의 천성에서 비롯된 것이기도 하겠지만, 젊은 시절의 한 경험과 밀접하게 관련이 되어 있습니다.

모자가 함께 도를 깨닫다

해인사 선원에서 용맹정진을 하고 있던 그때, 통도사에서는 해인사 장경각을 지키는 순사에게 스님이 '사무 인계도 하지 않고 달아났으니 붙잡아서 보내 줄 것'을 부탁했습니다. 순사로부터의 압력을 받게 되자 스님은 다시 36계 중 제일이라는 '달아날 주走'자를 챙겨 걸망을 지고 김천 직지사로 향했습니다.

"다리야, 어서 가자!"

누더기 옷에 다 떨어진 모자를 쓰고 직지사를 들어서는데, 방에 있던 만봉萬峰선사께서 뛰쳐나와 춤을 추면서 크게 반겼습니다.

"공부하는 중이 오는구나. 공부하는 중이 왔구나."

만봉선사는 걸망을 받아 들고 방으로 데려가서 새 옷을 입게 하고는, 땀내 나는 헌 옷을 손수 빨아주기까지 하였습니다. 그리고 만봉선사는 스님을 황악산 태봉胎峰으로 데리고 가서 한 편의 이야기를 들려주었습니다.

옛날, 영감 죽은 과부가 외동아들과 함께 살고 있었다. 모자만의 생활이었지만, 어머니의 지극한 정성과 아들의 극진한 효성은 그들의 마음을 언제나 넉넉하게 만들었다. 아들의 나이 15세가 되었을 때 어머니는 간곡하게 아들의 출가를 권하였다.

"여기서 세월만 까먹고 살기보다는 훌륭한 고승이 되어서 죽은 아버지를 극락왕생하게 천도해 주고, 박복한 이 에미도 제도해 주면 그것보다 더 큰 효도가 어디 있겠느냐?"

아들은 중이 되었다. 그러나 절에서의 생활도 세속과 크게 다를 바가 없었다. 두 해가 지나 어머니는 아들을 찾아갔고, 공부는커녕 놀기만 하는 아들을 보고 크게 노하였다.

"부모의 천도나 제도는커녕 스스로도 구제 못할 땡추 같은 놈아!"

아들을 꾸짖으며 호되게 매질을 한 어머니는 차려주는 밥도 먹지 않고 가버렸다.

'어떻게 해야 중노릇 잘하는 것인가?'

곰곰이 생각하던 아들의 머리에는 마침내 죽은 영혼을 천도하고 각종 불공佛供을 집전하는 의식승儀式僧이 고승의 모습으로 부각되었다.

아들은 아버지의 천도를 염두에 두면서 그날부터 십년 동안 각종 범패梵唄와 영산작법靈山作法 등의 의식을 익혔다. 어느 날 큰 재齋를 열게 되자 아들은 어머니를 모셨다. 큰 고깔에 가사·장삼을 입고 영산작법을 멋있게 집전하고 있는데, 어머니가 달려들어 지팡이로 아들을 사정없이 내리쳤다.

"이놈, 천도·제도해 달랬더니 무당노릇 하려고 절에 들어 왔느냐!"

어머니의 뜻을 몰라 크게 당황한 아들은 깊은 고민에 빠졌다.

'참된 중노릇이란 어떻게 하는 것인가?'

다시 며칠을 생각하다가 설법을 잘하는 강사講師가 되어야겠다는 결심을 하고 일류 강사스님을 찾아갔다. 『초발심자경문』부터 『화엄경』까지를 모두 배워 마치고 이름 있는 강사가 된 뒤, 아들은 다시 어머니를 모셨다.

제자들을 데리고 절 입구까지 나가서 극진히 환영하여 모셨지만, 막상 불경을 가르치는 아들을 본 어머니는 서리 낀 얼굴이 되어 지팡이로 유혈이 낭자하도록 아들을 때렸다.

"글 배우고 글 가르치려면 속세에서 할 일이지, 무엇 하러 절에까지 와서 야단이냐!"

'십년의 범패공부, 십년의 불경공부가 모두 헛된 공부라니? 무엇이 문제인가?'

방문을 걸어 잠그고 요기조차 거절한 채 며칠 동안 고민하던 아들은 『전등록傳燈錄』과 『선문염송禪門拈頌』을 펼쳐보았다.

'아하! 중노릇 잘하는 법이 바로 여기 있었구나.'

아들은 '자성자리 찾는 것이 참된 공부'라는 것을 깨닫고, 먹을 것과 낫 등을 준비하여 깊은 산 속으로 들어가 버렸다.

1년이 지난 뒤 어머니는 소식이 끊어진 아들을 만나기 위해 절을 찾았다. 제자들로부터 '식음을 전폐하고 혼자 있더니 산 속으로 가버리더라'는 말을 들은 어머니는 그날부터 어디엔가 아들이 있을 그 산 속을 찾아 헤매기 시작했다. 어머니는 이

골짜기, 저 골짜기, 깊은 산 구석구석 수도할 만한 곳을 샅샅이 찾아다녔다.

몇 달을 찾아다니다가 개울물에서 세수를 하고 일어서는데 작은 모래밭에 사람의 발자국이 찍혀 있는 것이 보였고, 발자국을 따라 조금 올라가니 띠 풀로 엮은 거적이 덮인 굴이 눈 앞으로 다가왔다.

거적을 걷고 굴 안을 들여다보니 산발한 머리에 누더기를 걸친 채 가부좌를 하고 앉아 있는 사람이 있었다. 얼굴에는 땟물이 흐르고 피골이 상접하여 볼품은 없었지만 틀림없는 아들이 아닌가!

어머니는 아들에게 와락 달려들어 목을 안고 통곡하였다. 선정禪定에 잠겨 있던 아들은 어머니의 울음소리가 귀를 울리는 바로 그 순간에 도를 깨쳤고, 어머니는 선정에 잠겨 있던 아들이 눈을 뜨는 순간 그 눈에서 뿜어 나오는 형형한 안광眼光을 보고 도를 깨쳤다. 모자가 함께 도를 깨친 것이다.

ક

이야기를 끝낸 만봉선사는 스님의 손을 꼭

잡으면서, '이제 발심이 제대로 되었으니 변치 말고 제발 공부 잘 해 줄 것'을 거듭거듭 당부하였습니다.

짤막한 도담道談 한 편과 한마디의 격려였지만, 스님은 만봉선사에 대해 감사하는 마음이 절로 생겨났습니다.

'감사하다'는 생각과 함께, '나도 참되이 중노릇을 하여 기필코 도를 깨치겠다'는 결심이 더욱 굳게 자리를 잡았고, '온 몸에는 새 기운이 가득 채워지는 듯하였다'는 것을 뒷날 스님은 회고하셨습니다.

바보가 되거라

만봉선사로부터 이러한 깊은 감동을 받았던 스님이셨기에, 80의 고령에도 스님은 밤을 세우며 정진을 하고 수행승들을 격려하셨습니다.

선방禪房 수좌들이 잠을 자지 않는 용맹정진에 들어가거나 세 시간만 자는 가행정진加行精進이 시작되면, 스님은 수좌들의 잠을 깨우기 위해 밤새 헛기침을 하시거나 한밤중에 과자 봉지를 들고 선방으로 찾아가시곤 했습니다. 조는 사람의 등을 두드려 주고, 과자를 나누어 주시면서 간단한 선문답과 격려의 말씀을 들려 주셨습니다.

특히 화두 공부가 잘 안 되어 방으로 찾아오는 수행자가 있으면 스님은 여러 가지 말로써 무섭도록 힘을 불어넣어 주셨습니다.

"바보가 되거라. 사람 노릇하자면 일이 많다. 바보가 되는 데서 참사람이 나온다."

"이 공부는 철저하게 생명을 걸고 하지 않으면 안 된다. 아무쪼록 한 생生 나오지 않은 요량하고, 마음을 비워 열심히 공부해야 한다. 나무칼로 목을 베듯 하지 말고 단박에 결판 지을 일이다."

"쇠가 아무리 굳어도 열이 3천도가 되면 녹는다. 죽기를 각오하고 주인공에게 맹세를 하면서 공부를 해도 될 듯 말 듯한데, 조금만 고통스러워도 못 견뎌 하니 어림도 없는 노릇이다. 졸음이 오면 허벅지를 꽉 꼬집어 비틀어서 잠을 쫓아버리고, 용맹을 떨치며 공부해야 한다."

"망상이 일어나거든, '네 이놈! 네 놈 말만 듣고 다니다가 내 신세가 요모양 요꼴이 되었으니, 이제부터는 내 말 좀 들어라. 죽나 사나 한번 해보자' 하면서 용맹심을 내어야 한다."

또 어느 때는 피골이 상접해서 뱃가죽이 등

에 달라붙었으며, 새가 머리 위에 집을 지은 것도 모른 채 명상에 잠겨 있는 석가모니의 설산고행상雪山苦行相 사진을 보여 주시면서, "이것을 보아라. 이 분은 이렇게 공부하여 부처가 되셨다."고 하며 용기를 북돋우어 주셨습니다.

무명의 불을 두려워 말라

뿐만이 아닙니다. 오히려 스님은 망상과 산란과 무명無明의 불을 두려워하지 말라고 하셨습니다.

"무명의 불이 비록 흉악하고 가치 없는 불이지만, 그 불이 작용하여 더욱 뛰어난 대장부를 단련해 낸다. 밤잠을 자지 않고 정진하다보면 머리가 아프고 가슴이 답답하고 등줄기와 허리, 삼백 육십 골절의 마디마디가 쑤시고 아프지만, 아픈 거기에서 출격대장부出格大丈夫가 나온다는 것을 잊지 말아야 한다."

그리고는 참선 수행자들에게 친필로 격려의 시를 적어 주고 마무리 법문을 해주셨습니다.

다만 이 한 점 무명의 불이
인간 중의 대장부를 단련해 낸다네
只箇一點無明焰　지개일점무명염
煉出人間大丈夫　연출인간대장부

"만약 이와 같은 마음가짐으로 화두를 들면 언젠가는 일상삼매日常三昧를 이루게 된다. 오고 가고 생각하고 밥 먹고 대소변을 볼 때도 화두를 잡아 꾸준히 나아가면 탐심貪心과 진심瞋心 등의 모든 망상이 다 쉬어지고,

잡념이 붙으려고 해도 붙을 수 없는 일상삼매의 경지에 이르게 되는 것이다.

실로 거듭거듭 마음을 채찍질하여 지극히 고요한 경지에 들어가면 마음이 차츰 맑아지는데, 맑아지면 밝아지고 밝아지면 통하게 되어 마침내 해탈의 경지에 이르게 된다. 이 경지에 이를 때까지 공부의 고삐를 늦추어서는 안 된다."

늘 자상함과 적절한 법문으로 해탈의 경지에 이를 때까지 공부의 고삐를 힘껏 조여 갈 것을 강조하셨던 경봉 큰스님!

이상과 같은 스님의 참선수행에 대한 가르침을 마음에 새기면서, 참된 주인공을 찾고 자기의 보배를 곧바로 캐내는 이 공부를 실답게 하여, 진정한 자유인이 되기를 감히 축원드리옵니다.

V

화해롭게
살아라

부부의 도

아내에게 잘 해주어라

경봉 큰스님은 출세간出世間의 길 위에 서 계셨지만 세상살이에도 너무나 밝았던 분입니다. 부부생활·자녀교육·장사하는 방법 등, 어려운 교리를 설하기 보다는 웃는 가운데에서 삶을 깨우치는 법문을 많이 하셨습니다.

부부가 함께 찾아와 스님을 뵈오면, 스님께서는 먼저 부인에게 '아이가 몇인가'부터 묻는다.

"셋입니다."

"아이구, 세 번이나 죽다가 살았구나. 너희 남

편이 반지 해 주더냐?"

대답이 없으면 남편을 돌아보며 말씀하신다.

"반지 해 주면서 데리고 살아라. 여자에게는 옷과 패물과 알록달록한 채색을 좋아하는 천성이 있으니, 가장은 아내에게 마땅히 금은주기金銀珠璣(금·은과 보배구슬) 등의 패물을 해 주어야 한다. 부처님도 여자에게 패물을 해주라고 하셨다."

어떤 때는 남편들에게 이렇게 일러주시곤 하였다.

"마누라 덕에 산다. 마누라 많이 업어 줘야겠다. 하루에 몇 번씩 업어 주노?"

부인의 삶을 진심으로 이해하며 살아야 한다는 가르침이다.

가정의 주춧돌은 어머니

그리고 부인네들에게는 부드럽고〔柔〕 평화

롭고〔和〕 착하고〔善〕 순해야〔順〕함을 항상 강조하셨고, '오직 가장의 좋은 점만을 생각해야지 남편의 하찮은 면을 마음속에 담아 두어서는 안 된다'고 하셨습니다.

"남편이 과거에 잘해준 것은 모두 잊어버리고 잘못하는 것이 있으면 가슴에 착착 접어 두었다가, 한 달이나 두 달 후에 또 허물을 지으면 그 전에 접어두었던 것까지를 한꺼번에 쏟아 놓아서 남편의 마음을 뒤집어 놓는다."

결과적으로 남편과의 거리만 멀어지게 될 뿐, 녹이고 풀어야 할 매듭은 오히려 견고해지기만 합니다. 그래서 스님께서는 가장이 화를 내더라도 맞받아 싸우지 말고 오히려, "잘못했어요. 다시는 안 그럴게요."하라고 늘 당부하셨습니다.

'잘못했다'는 그 말 한마디에 맺힌 것이 녹

아내리고 일체의 시비是非가 끊어지는 것이건만, 신경질을 내며 눈을 부릅뜨고, 억세게 소리를 냅다 지르고, 분을 참지 못해 이를 갈기까지 한다는 것입니다.

이런 사람에게는 가장이 일찍 죽거나, 자식이 없거나, 돈이 없거나, 몸에 병이 끊이지 않는 등의 액난이 하나씩 붙게 된다고 하셨습니다.

특히 스님께서는 '가정주부의 힘이 한 가정의 7할을 차지한다'는 것과 '가정의 주춧돌인 어머니가 집을 단단히 받치고 있지 않으면 집이 무너지고 만다'는 것을 자주 상기시켰습니다.

부인의 4덕과 남편의 5행

그리고 부인의 4덕四德과 남편이 지켜야 할 5행五行을 매우 강조하셨습니다.

부인의 4덕

① 평소 소소한 물질 때문에 남과 다투지 말아야 한다. 내가 부자가 되어 가난한 사람을 도우겠다는 큰 생각을 하여야지, 작은 물질 때문에 싸워서야 되겠는가?

② 가정이 곤궁하여 괴롭더라도 남편이나 부모나 다른 사람을 원망하지 말라. 사람이 살자면 좋은 일 궂은 일, 즐거운 일 괴로운 일이 생기기 마련이다. 용기를 내어 타개해 나가야 한다.

③ 음식을 절약하고 검소한 생활을 하며, 분에 넘치게 생활해서는 안 된다. 분수를 지켜 살아가면 갑자기 큰 불행을 만나더라도 놀라지 않고 헤쳐 나갈 수 있다.

④ 항상 남편이 오래 살기를 기원하고, 남편의 착한 점만 생각할 뿐 나쁜 점은 생각하지 말아야 한다. 특히 남편을 존경하게 되면 가정사가 저절로 잘 풀려나간다는 것을

명심하여야 한다.

남편의 5행

① 부인을 업신여기거나 욕을 하거나 가벼이 대하지 말고 존경하는 태도로 임하여야 한다.

② 부지런히 일을 하여 집안 식구들이 먹고 사는데 어려움이 없도록 하여야 한다. 잘 사는 것은 지혜 놀음이니, 게으름을 피우지 않고 힘써 하면 먹고 입는 일이 궁색하지 않게 된다. 만약 집안이 곤란하면 내외가 함께 활동을 하여야 한다.

③ 여자는 옷과 패물과 알록달록한 채색을 좋아하는 천성이 있으니, 형편이 넉넉하면 아내에게 옷과 패물을 해주어야 한다. 옷과 패물을 선사하여 부인의 마음을 좋게 해주면 가정사 삶이 잘 되기 마련이다.

④ 아내로 하여금 가정생활에 필요한 돈을 맡

아서 쓸 수 있도록 해주어야 한다. 아내가 가정을 꾸리는 데 필요한 돈을 한꺼번에 주어야지, 조금씩 쓸 때마다 주어 애를 먹여서는 안 된다. 특히 아내를 의심하면 가정이 잘 될 수가 없다. 부부간에는 믿음이 있어야 가정 뿐 아니라 모든 일이 잘 된다.

⑤ 첩을 두던지 바람을 피우지 말아야 한다. 남자가 밖으로 삿된 마음을 두고 여자를 밝히면 집안이 화목하지 못하게 되고, 화목하지 못하면 가정이 무너진다.

늘 화和를 마음에 새겨라

이 4덕과 5행을 지키는 것이 아들딸을 훌륭하게 기르고 부유한 가정을 이루게 하는 지름

길이 됨을 스님께서는 항상 강조하셨습니다.

- 유화선순柔和善順한 마음가짐.
- 부인을 업어 주라.
- 패물을 해주라.
- '잘못했다'는 그 한마디.
- 부인의 4덕과 남편의 5행.

이 모두는 화和로 집약됩니다. '벼 화禾'변에 '입 구口'를 더한 이 '和'자는, 벼를 찧어서 술도 담고 떡도 하고 밥도 지어 입에 넣어주면 모든 불평불만이 사라진다는 뜻을 담고 있습니다.

화和! 그 한 글자를 마음에 새길 때 현재의 행복과 아름다운 미래가 전개되는 것임을 늘 강조하셨던 것입니다.

자녀교육

부모의 언행이 자녀의 장래를

스님께서는 언제나 자녀의 장래가 부모에게서 비롯된다고 하셨습니다. '부모가 검소하고 부지런하고 복을 아끼는 생활을 하게 되면 자녀가 잘 되지 않을 수 없다'고 하시면서 다음의 이야기를 즐겨 들려주셨습니다.

약 3백여 년 전의 일이다. 일본 임제종의 관산關山선사는 국사로 추대되었다. 그러나 높은 신분에도 불구하고 늘 복을 아껴 음덕을 쌓으면서 공부하는 이들을 대접하였고, 매일 밭에 나가 김을 매고 도량의 풀을 뽑는 등 곤궁한 생활을 하였다.

또한 동시대의 몽창夢窓선사도 국사로 추대되었는데, 그는 매일 가마를 타고 다니며 호사스러운 생활을 하였다.

어느 날 몽창국사가 김을 매고 있는 관산국사를 찾아가자, 관산선사는 이웃마을 떡집에서 찹쌀떡 일곱 개를 사다가 몽창선사에게 대접하였다. 몽창선사는 시장하던 터라 '맛이 좋다'고 하면서 순식간에 모두 먹어버렸다. 이에 관산선사가 말하였다.

"후대아손後代兒孫은 무엇을 먹으란 말이오?"

이 한마디에 몽창은 스스로가 행한 모든 처신을 돌아보게 되었고, 그 자리에서 예언을 하였다.

"나의 후대아손들은 관산의 아손들에게 모두 정복될 것이다."

과연 그의 예언대로 몽창의 제자들이 있던 사찰들은 뒷날 관산의 제자들이 모두 차지하게 되었다.

☙

이야기를 들려주신 스님께서는 힘주어 말씀

하셨습니다.

"부모가 조금 복이 있거나 여유가 있다고 하여 남을 멸시하고 방탕하게 살게 되면, 그 과보를 금생에 바로 받을 뿐 아니라 후대아손들까지 힘들게 만든다. 누구든지 힘이 있을 때 관산선사처럼 겸손하게 헌신하고 복을 아껴 음덕을 쌓아야 한다.

아무쪼록 자녀교육은 어려서부터 싹을 틔워야 하는 것이니, 부모 되는 이들은 아이들이 어릴 때부터 본받을 수 있는 신심 있는 생활을 스스로가 먼저 실천하여야 한다."

자녀교육 4훈

나아가 스님께서는 꼭 실천하여야 할 자녀

교육으로 다음과 같은 네 가지 교훈을 주셨습니다.

① 모든 일에 '외모보다는 마음을 아름답게' 가꾸도록 가르쳐라. 식사를 할 때 감사한 생각을 갖게 해야 한다. 하늘과 땅과 해와 달과 비바람의 은공, 그리고 무더운 여름에 흘린 농부의 땀 덕분에 밥을 먹게 되었다는 것을 알게 해 주어야 한다.

② 항상 명랑함과 쾌활함을 잃지 않도록 격려하라. 몸을 고요히 하고 얼굴을 찌푸리지 못하게 하며, 부드럽고 착하고 어질고 순하고 온화하되, 일에 임할 때는 정의감을 가지고 서릿발 같은 냉정한 과단성을 갖도록 해야 한다.

③ 다니거나 앉고 눕고 할 때에 몸을 마구 흔들거나 손짓발짓을 하지 않게 하며, 발가락 사이를 후비거나 입을 크게 벌려 하품

하거나 다리를 꼬아서 앉지 않게 가르쳐야 한다. 밥을 먹을 때 이리저리 돌아다니며 장난치지 못하게 하고, 침이 튀도록 떠들거나 수저에 밥알을 묻혀 다른 국물을 떠먹거나 음식물을 남기지 않게 하며, 여럿이 먹는 식탁에서 맛있는 것을 자기 앞으로 끌어다 놓거나 맛있는 것만 가려 먹지 않도록 가르쳐야 한다.

④ 무슨 물건이든 쓰고 나면 반드시 제자리에 가져다 두는 습관을 기르도록 하고, 약속시간 · 공부시간 · 집회시간을 잘 준수하도록 가르쳐야 한다.

스님께서는 흰 종이나 흰 옷감에 무슨 색깔을 먼저 물들이느냐가 중요하듯이 어릴 때의 가정교육이 정말 중요하다는 것을 늘 강조하셨습니다.

잔소리를 하지 말라

아울러 자녀들이 성장하게 되면 될 수 있는 한 '잔소리'를 하지 말 것을 이르셨는데, 이와 관련하여 배꼽의 비유를 즐겨 들었습니다.

"우리의 몸은 360골절과 8만 4천 털구멍으로 되어 있다. 이 몸은 엄마의 뱃속에서 완성 된다. 엄마의 몸과 연결된 탯줄로 피를 돌게 하여 몸을 다 만들면 태어나게 되는 것이다. 그러나 태어난 다음 탯줄이 붙어 있으면 안 되므로, 그것을 끊고 매어놓는다. 며칠이 지나면 매어놓았던 탯줄이 똑 떨어지고 입을 딱 닫아버려 배꼽이 된다.

우리 몸에는 눈이 둘이요 콧구멍이 둘이요 귓구멍이 둘이요 입이 하나요 대소변 보는 데가 둘이요 배꼽이 하나이다. 모두 합하여 열 개의 구멍이 있다. 딴 구멍은 열려 있어야 하나, 뱃구멍인 배꼽이 열려 있으면 바람이 들어가서 죽기 때문에 꼭 닫고 있다. 사람의 몸을 다 만들었기 때문에 입을 닫고 있는 것이다.

이 말을 왜 하느냐 하면 참으로 진리적으로 요긴한 말이기 때문이다.

부모가 자식을 낳았지만 그들이 성장하면 그냥 좀 놓아둘 줄 알아야 한다. 입을 열어 잔소리를 하게 되면 될 일도 꼬이게 되니, 배꼽처럼 입을 닫아야 한다.

'시어머니 잔소리는 꾸어다가도 한다'는 속담이 있지만, 시어머니 되는 사람이 입을 좀 닫고 있어야지, 입을 열어 잔소리를 많이 하면 배꼽을 열고 있는 것과 같아서 좋지가 않다.

곧 요즘 며느리들이 시부모를 모시지 않고 딴살림을 차리는 까닭도 이 잔소리에서 비롯된다는 것을 깊이 새겨야 한다."

지도자가 되려면

또한 지도자가 되는 지름길에 대해 다음과 같이 말씀하셨습니다.

"남을 지도하는 사람이 되거나 위대한 사람이 되려면 마음 가운데 나쁜 생각이 없어야 한다. 쓸데없는 망상과 잡념이 없어져야 하는 것이다.

마치 금광석을 캐면 그 속에 금도 있고 은도 있고 동도 있고 철과 아연 등의 많은 잡철이 섞여 있는데, 이것을 제련해서 다 빼버리고 24금을 이루어야 세계에 통용되는 보배가 되듯이, 사람의 마음 가운데 하찮은 생각이 쑥 빠져나가야 남을 지도할 수 있는 사람이 될 수 있는 것이다."

결국 모든 것은 한마음입니다. 마음 하나

잘 쓸 때 가정도 생업도 사랑도 행복도 명예도 꽃핀다는 것입니다. 이에 스님께서는 강조하셨습니다.

· 천하의 변화를 알고자 하는 이,

  그 마음을 안정되게 하라.

· 천하의 일을 의논하고자 하는 이,

  그 마음을 평등하게 가져라.

· 천하의 착한 일을 받아들이고자 하는 이,

  그 마음을 비워라.

· 천하의 물질을 용납하고자 하는 이,

  그 마음을 크게 열어라.

자연의 법문

시절은 춘삼월 호시절好時節이라

우주에 춘광春光이 도래하여

시냇물은 잔잔히 흘러가고

꽃은 웃고 새는 우짖는데

선창禪窓의 한 가닥 맑은 향 연기는

우리 집의 묘한 풍경이요

다함없는 진리로다

삼라만상이 모두 법문을 하고 있다

이는 경봉스님께서 봄이 되면 자주 읊으셨

던 게송입니다. 스님께서는 게송에 이어 다음과 같은 법문을 하십니다.

"봄이 오니 새 우는 소리도 다르다. 겨울에는 추워서 근근이 움츠리는 소리로 우는데, 봄에는 아주 활짝 핀 울음소리이다. 물은 잔잔히 흘러가고 산꽃은 웃고 들새는 노래하는 여기에 법문이 있다. 법문은 법사法師가 입으로만 하는 것이 아니다. 삼라만상이 모두 법문을 하고 있는 것이다."

이렇듯 스님은 법상에 올랐을 때에나 영축산 숲 속을 거닐 때마다 많은 사람들에게 자연의 법문을 듣는 눈과 귀를 열어 주셨습니다.

산을 보면 산과 같이 높은 도덕과 지식을 쌓을 것을 다짐하고, 맑게 흐르는 물을 보면 마음을 깨끗이 할 것을 다짐하며, 바다를 볼 때는 넓고 깊은 마음을 기를 것을, 바위를 볼 때는 원력願力을 바위와 같이 견고하게 하겠다는 결심을 하는 등, 산에서도 물에서도, 나아가 자연과 만물에서 삶의 이치를 배워야 함을 자상히 일러 주셨습니다.

자연과 둘이 아니었던 스님은 통도팔경通度八景 하나하나에 대한 시 등 자연에 대한 시를 많이 남겼습니다. 어느 겨울철, 스님은 새벽 등산을 하다가 한 수의 시를 지었습니다.

초목도 삼동에는 선정에 들어
얼음과 눈 속에서 정기를 단련한다
숱한 비바람 험하게 겪으면서
꽃 피워 향기 토할 그때만을 기다리네

草水三冬皆入定　초수삼동개입정
凍寒氷雪鍊精時　동한빙설련정시
多經風雨險過事　다경풍우험과사
只待開花香發時　지대개화향발시

산정약수山精藥水

또 1961년 12월 20일에는 영축산 산세山勢를 보고 극락암 백호등 끝에서 약수를 발견하였는데, 그 물을 마시는 모든 사람들이 볼 수 있게끔 1963년 9월 30일에 '산정약수山精藥水'라는 비석을 세우고, 친필로 다음과 같은 내용을 써서 비석에 새겨 넣으셨습니다.

이 약수는 영축산의 산정기로 된 약수이다.
나쁜 마음을 버리고 청정한 마음으로 먹어야 모든 병이 낫는다.

물에서 배울 일

사람과 만물을 살려 주는 것은 물이다.
갈 길을 찾아 쉬지 않고 나아가는 것은 물이다.
어려운 굽이를 만날수록 더욱 힘을 내는 것은 물이다.

맑고 깨끗하여 모든 더러움을 씻어주는 것은 물이다.

넓고 깊은 바다를 이루어 많은 고기와 식물을 살리고 되돌아 이슬비….

사람도 이 물과 같이 우주 만물에 이익을 주어야 한다.

영축산이 깊으니 구름 그림자가 차고
낙동강 물이 넓으니 물빛이 푸르도다. 미소할 뿐
  靈鷲山深雲影冷   영축산심운영냉
  洛東江闊水光淸 哂   낙동강활수광청 신

스님께서는 사람들을 약수터로 데려가 이 글을 직접 읽어주시면서, '되돌아 이슬비' 다음의 말줄임표(…)와 '미소할 뿐'에 깊은 의미가 깃들어 있다고 하셨습니다. 끊임없는 순환을 나타내는 '…'와 '미소' 속에 진리를 묻어두셨던 것입니다.

자연과 계절에서 배울 일

진정 스님께서는 자연을 피부로 느끼면서 사셨을 뿐 아니라, 자연과 한 몸이 되어 움직임을 같이 하셨습니다.

자연을 남용하지 않는 것이 만물과 더불어 화해하는 근본이라는 자각, 우주는 춘하추동의 사계절로써 만물을 생장케 하고 발육시킨다는 사실, 춘하추동 사계절의 기운을 가정이나 사회나 국가에 이용할 때 모든 일에 실패 없이 성공할 수 있다는 원리를 스님께서는 깊이 체득하고 계셨습니다.

자연과 계절과 사람!

"따스한 봄날에 초목에는 잎이 나고 꽃이 피어난다. 사람의 마음도 봄날같이 화창하면 모든 일에 능률이 오른다. 온화한 그 마음에 착하고 순하고 인정미가 있다면 모든 일에 성

공할 수 있으니 봄날 같은 온화함을 배워야
한다.

여름날은 후끈후끈 더워서 만물을 무성하
게 한다. 사람도 여름날과 같이 그 마음에 뜨
거운 덕德과 의義가 있어야 성공이 빠르다.

가을날은 싸늘하고 냉랭한 기운이 있어서
모든 곡식과 과일을 익게 한다. 사람도 가을
기운과 같이 판단력이 빠르고 강하면서도 냉
정한 기운이 있어야 한다.

겨울날은 찬바람이 불어 서리와 눈이 오고
혹한으로 만물이 얼게 된다. 그러나 만물은
이 때를 맞아 꽃 피고 잎이 돋는 봄날의 준비
를 하는 것이다. 사람도 겨울의 용맹과 인내,
정열과 분투력을 배워야 새 봄의 향기 짙은
꽃을 맞이할 수 있다."

그러나 사람들은 흔히 봄과 여름의 기운만
을 쓰거나 가을과 겨울의 기운만을 쓰는 경

우가 많습니다. 사철의 기운을 고루 배워 적
절히 그 기운을 사용하는 이야말로 인생을 윤
택하게 가꾸는 사람이라 하지 않을 수 없습니
다.

　매일 극락암 뒤의 산길을 거닐면서 산천초
목을 향해 생장生長의 염불을 들려주셨던 경
봉큰스님! 스님의 삶은 언제나 자연과의 화和
속에 있었던 것입니다.

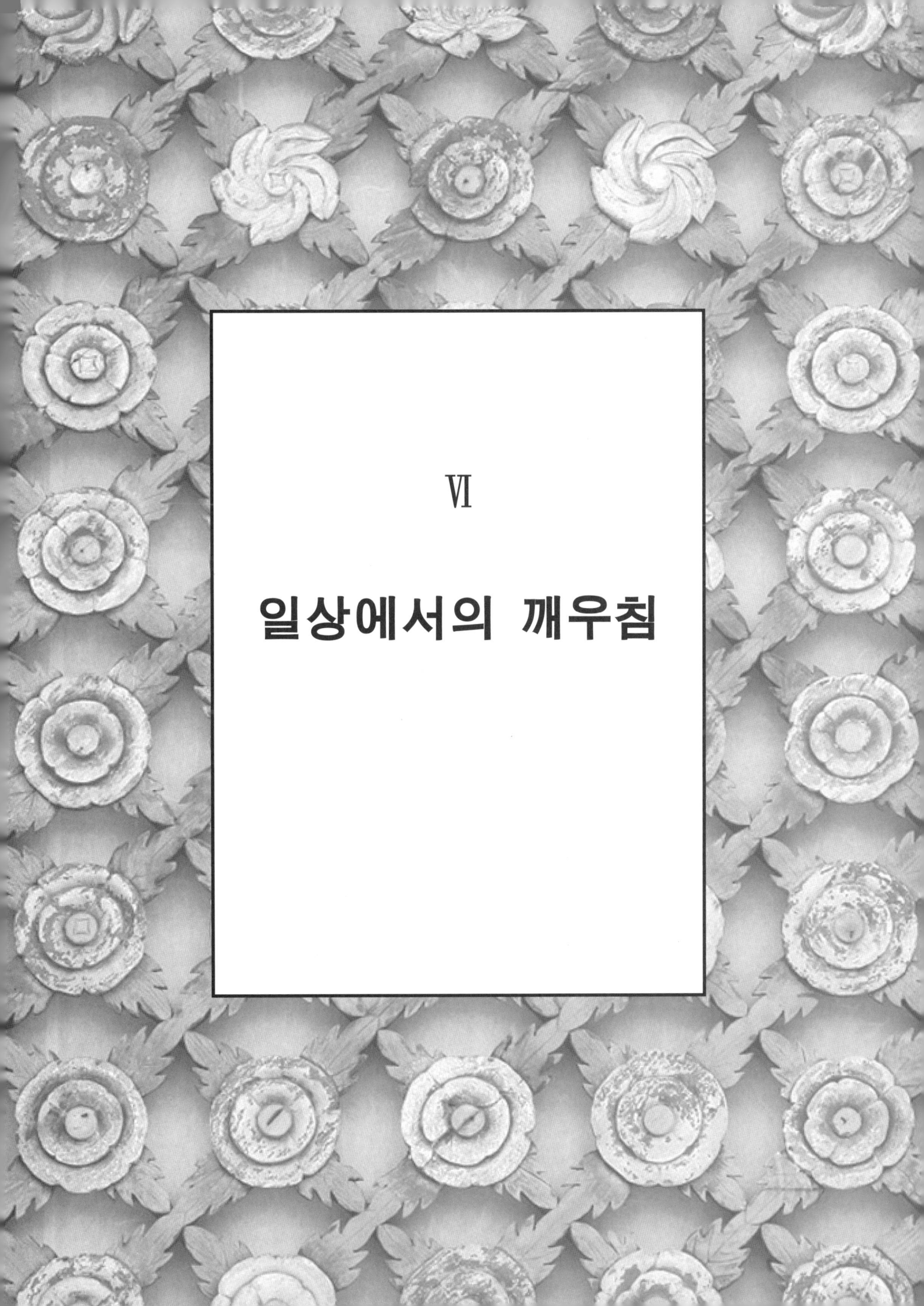

VI

일상에서의 깨우침

극락에 길이 없는데 어떻게 왔는가?

삼소굴의 의미

경봉큰스님께서 열반에 드는 날까지 30년을 하루같이 사람들의 산 정신을 일깨우며 머물렀던 처소는 극락암의 삼소굴三笑窟이었습니다.

'삼三'은 진리·원만·성취를 함축하고 있는 숫자요, 웃음 중에서 가장 의미가 다양한 웃음은 '미소笑'입니다. 이 미소에는 깊은 사랑이 담겨 있을 수도 있고 살기殺氣가 숨어 있을 수도 있습니다. 비웃음·너털웃음 등과는 달리 미소를 짓는 이의 속마음은 쉽게 알 수가 없습니다.

그러나 이와 같은 해석은 삼소굴에 대한 일반적인 풀이에 불과할 뿐입니다. 그래서인지 스님께서는 '삼소三笑'의 의미를 이렇게 풀이해주셨습니다.

"삼소의 삼三은 우주의 극수極數요, 소笑는 염주를 목에다 걸어놓고 이리저리 찾아다니다가 결국 목에 걸린 것을 발견하고 '허허'하며 웃듯이, 자기에게서 한 치도 여의지 않았던 자성自性을 온갖 곳에서 헤매며 찾다가 깨닫고 나서 '허허'하고 웃는 웃음이다."

그러나 이 또한 사람들의 이해를 돕고자 한 뜻풀이일 뿐입니다. 스님께서는 삼소의 참의미를 다음과 같이 일지에 기록해 놓으셨습니다.

"삼소는 과거 현재 미래의 미소인 삼세소三世笑와 과거 현재 미래의 꿈인 삼세몽三世

夢을 초탈한 뜻을 간직하고 있다. 누군가가 삼소의 깊은 뜻을 알고자 한다면, 야반삼경夜半三更에 촛불 춤추는 것을 볼지니라."

이와 같이 깊은 의미를 지닌 삼소굴에서 스님은 언제나 진리의 세계와 한 몸이 되어 미소를 머금고 거처하셨습니다.

이 삼소굴 앞 쪽에는 오래 전에 선실禪室로 사용했던 약간 큰 방이 있는데, 찾아오는 대부분의 사람을 스님께서는 이 방에서 맞이했습니다.

흔히 '큰스님'으로 알려지면 만나는 절차가 복잡하고, 설혹 만난다 하더라도 무엇인지 모를 거리감 속에서 한 집안의 식구와 같은 대화는 엄두도 내지 못하기 마련입니다. 그러나 스님께서는 누가 와도 만나 주셨고 적절한 설법을 들려 주셨습니다.

삼소굴 앞의 방에는 앞뒤로 네 개의 문이

있고 그 문 앞 쪽으로 마루가 붙어 있습니다. 방에서 스님이 앞에 찾아 온 방문자와 이야기를 하면, 뒤에 도착한 방문자는 방문 밖의 툇마루에 앉아서라도 법문을 들을 수 있었습니다.

스님의 법문이 사통팔달四通八達이요, 그 방이 사통팔달이요, 듣는 사람의 마음도 사통팔달이 되어 법문을 깊이깊이 받아들일 수 있었던 것입니다.

그리고 그 속에는 큰스님과 신도라는 격식보다는 할아버지의 옛날이야기를 듣는 한 동네 사람들의 모임과 같은 푸근함과 정겨움이 있었습니다. 웃음과 자유로움 속에서 나누는 설법과 청법이지만, 스님의 한 말씀 한 말씀에는 언제나 날카로운 선지禪旨가 감추어져 있었습니다.

길〔道〕

삼배를 끝내고 자리에 앉는 참학자에게 스님은 묻습니다.

"극락에 길이 없는데, 어떻게 왔는가?"

극락 가는 길! 그 길은 도道입니다. 스님은 이 도와 길에 대해 다음과 같은 이야기를 들려주셨습니다.

당나라의 조주선사께 한 승려가 여쭈었습니다.
"무엇이 도道입니까?"
"이 담장 밖이니라."
담장 밖에 있는 길이 도라고 하신 것입니다. 그러자 승려는 말했습니다.
"그 도를 묻는 것이 아닙니다."
"그럼 어떠한 도를 물었느냐?"

"대도大道를 물었습니다."

"대도는 장안長安으로 통하였느니라."

ဎ

산중에 있는 집이나 벌판에 있는 집이나 도시에 있는 집이나 어느 집이든 문밖으로 나서면 서울 가는 길로 다 통하여 있듯이, 극락 가는 길도 어디에나 다 있다는 것입니다.

문제는 어떠한 자세를 갖느냐에 있습니다. 늘 광명의 길을 찾고, 우리 인생의 생명인 진리를 찾고, 인간의 참됨을 찾으려 하면 그 길은 보이기 마련입니다. 그 때가 되면 어디에고 없는 데가 없는 것이 도요 길인 것입니다.

그럼 극락이 어디에 있는가?

여러 경전에서는 이곳에서부터 서쪽으로 10만 8천 국토를 지나가면 서방정토인 극락 세계가 있다고 하였습니다.

그리고 선종禪宗에서는 나의 '맑은 마음이 극락이고 밝은 마음이 극락이며 깊은 마음이 극락'이라고 가르쳤습니다. 나의 참된 마음자리가 아미타부처님이요 이 마음에 바로 극락정토가 있다는 자성미타自性彌陀 유심정토 唯心淨土의 사상을 천명하였던 것입니다.

적어도 선종의 해석을 따른다면, 극락은 포장도로나 오솔길을 통해야만 갈 수 있는 곳이 아닙니다. 유심정토唯心淨土인데 왜 오고 갑니까? 극락은 옴도 없고 감도 없는 무래무거 無來無去의 유심정토인 것입니다.

곧 지금 이 자리가 극락인 것입니다.

그러나 "극락에 길이 없는데 어떻게 왔는가?"를 묻는 스님의 질문은 이 유심정토의 의미까지도 넘어서고 있습니다. 스님께서는 이렇게 말씀하셨습니다.

"옛날 어느 선사가 토굴土窟에 있는 도반을 찾아가자 그 도반이 물었다.

'여기는 길이 없는데 어떻게 왔는가?'

선사가 거침없이 말했다.

'갑자기 만나게 되어 반갑네.'

만일 '길이 없는데 어떻게 왔는가'를 물었는데 '갑자기 만나게 되어 반갑다'고 한 까닭을 분명히 아는 자라면, '극락에 길이 없는데 어떻게 왔는가'라는 나의 질문에 능히 답할 수 있느니라."

"극락에 길이 없는데 어떻게 왔는가?"

이것은 바로 스님이 던진 깨달음의 화두話頭였던 것입니다.

밥 잘 먹을 줄 알면 되느니라

이어서 스님께서는 다시 묻습니다.

"밥 먹었나?"

"안 먹었습니다."

"공양간에 가서 밥부터 먹어라."

스님의 '밥 먹었나'는 진리의 밥을 먹었는가를 묻는 질문입니다. 그러나 스님의 의중을 모르는 대부분의 사람들은 '안 먹었다'고 답하며, 그 사람의 그릇을 파악한 스님께서는 그냥 '밥부터 먹어라'고 하시며 공양간으로 보냅니다.

때로는 밥을 먹고 왔다고 하면서 곧바로 자신의 의문을 되묻는 이들도 있습니다.

"어떻게 하면 공부를 잘 할 수 있습니까?"

"어떻게 하면 성공할 수 있습니까?"

"밥을 잘 먹을 줄 알면 되느니라."

이렇게 스님께서는 밥 잘 먹을 줄 알면 공

부 잘 할 수 있고 성공할 수 있다고 곧바로 일러 주셨습니다. 그럼 어떻게 먹어야 밥을 잘 먹는 것인가?

🌸

당나라 마조馬祖선사의 법을 이은 대주大珠화상께 원율사源律師라고 하는 승려가 찾아와 여쭈었다.

"화상께서 오도를 하셨다는 말씀을 들었는데, 평소에 수행을 어떻게 해서 공부의 힘을 얻게 되었습니까?"

대주화상은 즉시 대답하셨다.

"공부란 별것이 아니야. 그저 주리면 먹고 졸리면 자는 것이지."

"그거야 세상사람 모두가 똑같이 하는 일이지 않습니까? 밥 먹고 자는 것이 공부라면 일반 사람들도 다 화상과 같이 공부를 하고 있고, 또 도를 이루었다고 해야겠네요?"

"원, 천만의 말씀! 세상 사람들이 겉으로는 그러하지만 속은 딴 판인걸?"

"배고프면 먹고 졸리면 자는데, 무슨 겉과 속이 따로 있습니까?"

"암, 있고말고. 세상 사람들이 밥 먹을 때 밥만 먹고 잠잘 때 잠만 자던가? 밥을 먹으면서도 이 생각 저 생각 공상과 망상을 끊임없이 하고, 잠잘 때도 기와집을 몇 채씩 지었다가 허무는 등, 탐진치貪瞋癡의 무덤 속에 파묻혀서 밥을 먹고 잠을 자니 어찌 밥을 잘 먹고 잠을 잘 잔다고 할 수가 있겠는가? 하지만 나는 다르네. 밥을 먹을 때는 오직 밥 먹는 일 외에 아무 것도 없고, 잠잘 때는 그저 잠만 잘 뿐, 탐진치의 어떠한 것도 떠오름이 없다네."

놓을 줄 알 때 열린다

성질 급하고 고집 세고 신경질이 많다

이렇게 밥 잘 먹는 법이 무엇인지를 은유적으로 깨우쳐주신 다음, 경봉큰스님께서는 친견하러 온 사람들에게 맞는 갖가지 법문을 들려주십니다. 그러나 때로는 거의 비슷한 법문으로 타이르는 경우도 많았습니다.

어느 날 상기된 젊은 새댁이 스님을 찾아왔다. 스님은 묵묵히 보고 계시다가 새댁의 등을 탁 치며 꾸짖었다.

"무슨 여자가 수심·근심 보따리를 가슴에 가득

안고 다니느냐!"

새댁은 울음을 터뜨렸고 스님은 조용하고도 강하게 지침을 내려 주셨다.

"젊은 보살은 성질이 급하고 고집이 세고 신경질이 많다. 고쳐라. 고무줄이나 용수철은 당기면 늘어지고 놓으면 오므라든다. 이것처럼 사람도 신축성이 있어야 인생길에 상함이 없이 살아갈 수 있다. 버스에 쿠션이 없으면 엉덩이가 다 상하는 것과 같다."

어느 날 대학 교수가 찾아 왔을 때에도, 또 고등학생이 찾아왔을 때에도 스님은 같은 지침으로 그 그릇된 성격을 깨우쳐 주셨다.

❧

성질이 급하고 고집이 세고 신경질이 많다는 것.

이것은 인간이면 누구나 간직하고 있는 탐욕과 분노와 어리석음의 속성, 곧 탐貪 · 진

瞋 · 치癡 삼독三毒의 마음을 깨우치는 법문이었습니다. 이 삼독의 마음이 부드럽고 평화롭고 착하고 순수한 마음〔柔和善順心〕으로 돌아설 때 극락세계가 전개된다는 것을 설파하신 것입니다.

극락같은 인생을 만들려면

그럼 평소 어떠한 마음가짐을 가져야 급하고 고집 세고 신경질 많은 성격을 고쳐 극락같은 인생을 만들어낼 수 있는가? 이에 대해 스님께서는 세상살이의 실체를 밝히는 한 편의 이야기부터 먼저 들려주십니다.

어떤 사람이 산에 갔다가 큰 곰을 만났다. 하도

큰 곰이 잡아먹겠다며 덤벼들자 그 사람은 우선 급하여 큰 나무 뒤로 숨었다. 사람을 잡으려면 나무 뒤로 따라와야 할텐데, 미련한 곰은 나무를 껴안은 채 앞다리를 들어 사람을 잡으려 하였고, 그 사람은 곰의 다리를 꽉 움켜잡았다.

곰은 사람을 물려고 하여도 나무가 있어 물지 못하였다. 어떻게 움직여보려 하여도 사람이 두 다리를 꽉 잡고 있어 꼼짝을 못하고 있었다. 사람 또한 곰 다리의 누린 냄새가 코를 찌르지만, 곰 다리를 놓으면 죽을 터이니 그것을 생명선이라 여기며 온 힘을 다해 꼭 쥐고 있었다.

필사적으로 곰 다리를 거머쥐고 있기를 사흘, 어떤 나무꾼이 큰 도끼를 메고 오는 것이었다. 그러나 나무꾼은 누가 큰 곰의 다리를 잡고 있는 것을 보고 생각하였다.

'아이고, 여기 있다가는 저 곰한테 영락없이 죽겠구나.'

그가 발걸음을 돌려 달아나려 하자 곰을 잡고

있던 사람이 황급히 소리쳤다.

"여보게, 그 도끼로 이 곰을 잡자! 이 곰의 쓸개는 금보다 더 비싸다네. 뿐만이 아니네. 곰의 껍질이나 고기도 큰 돈이 될 수 있지. 이 곰을 잡자!"

나무꾼이 그 말에 귀가 솔깃하여 도끼를 가지고 오자 그 사람이 말하였다.

"여보게, 이 다리를 좀 쥐고 있게나. 나는 곰을 많이 잡아봤다네. 도끼로 급소를 때려 한방에 잡아야지, 만약 잘못 때리게 되면 자네도 죽고 나도 죽네."

곰을 많이 잡아봤다는 소리에 나무꾼은 대신 곰 다리를 꽉 거머쥐었다. 사흘씩이나 굶고 곰에게 시달렸던 그 사람은 날아갈듯 하였다.

'휴ー'하고 안도의 숨을 내쉬고는 앉아서 여러 대의 담배를 연거푸 피웠다. 불안해진 나무꾼이 재촉하자 그 사람은 말하였다.

"여보게, 내가 실은 곰을 잡아보지 못했다네.

내가 섣불리 곰을 치다가는 자네도 죽고 나도 죽네. 그러니 누가 오거든 나처럼 곰 다리를 잡게 하고 떠나가게나."

그리고 그 사람은 유유히 사라졌다.

사람 아니면 물질 때문에 괴롭다

이야기에 이어 스님께서는 법문을 하셨습니다.

"사람들이 이 세상에 태어날 때에는 아무 걱정이 없었는데, 학교 가고 취직 하고 시집·장가를 가는 등 경쟁사회에 몸을 담고부터는 마치 곰의 다리를 거머쥔 듯이 가슴이 답답하고 머리가 아프게 살아가게 된다. 자연 성격이 급해지고 나름대로 고집을 부리고 신경질을 내기 마련이다.

그렇다고 문제가 해결되는 것은 아니다. 곰의 다리를 놓지 못하듯, 꼼짝 하지 못하고 그 상태로 있으면서 오만가지 걱정을 하면서 산다. 그러나 그 오만 가지 걱정의 주체가 많은 것은 아니다.

오직 사람 아니면 물질, 물질 아니면 사람, 이 두 가지 때문에 밤낮없이 걱정을 한다.

그래서 내가 늘, '사람과 물질, 이 두 가지를 초월하여 사바세계를 무대로 삼아 멋들어지게 연극을 잘하고, 늘 쾌활하고 명랑하고 낙관적인 기분으로 살라'고 이르는 것이다."

그럼 어떻게 살아야 근심 걱정을 벗어나 멋들어지게 살 수가 있는가? 놓을 줄 알아야 합니다. 곰의 다리를 놓을 줄 알아야 합니다. 비울 줄 알아야 합니다. 근심 걱정을 비울 줄 알아야 합니다. 암소 잡은 요량하고 살 줄 알아야 합니다.

암소 잡은 요량 하소

암소 잡은 요량! 스님께서는 이에 대한 이야기를 또 들려주십니다.

옛날 경주에 정만서鄭萬瑞라는 이가 살았다. 어느 때 한양으로 가던 도중 노자가 떨어지고 말았다. 한 이틀을 굶게 되자 눈이 쑥 들어갔고 걸을 힘조차 없었다. 그는 선비의 체면도 팽개치고 주막으로 들어가, 소의 불알을 삶아서 달아놓은 것을 보고는 '썰어달라'고 하여 술안주 삼아 배불리 먹었다.

그러나 돈이 없었던 정만서에게는 그 다음이 문제였다. 술과 음식을 먹으러 오는 손님들로 자리가 가득 차기 시작했지만, 값을 치를 수 없었던 정만서는 자리를 뜰 수가 없었다. 마침내 참다 못한 주모가 소리쳤다.

"여보시오, 이제 그만 회계를 대고 다른 손님들에게 자리를 양보 하시오."

"주모, 사실은 나에게 돈이 없소."

"무어라? 돈도 없이 술과 안주를 먹었단 말이오? 어림없소. 빨리 회계를 대시오."

주모가 사납게 다그치자 정만서는 말하였다.

"주모, 암소 잡은 요량 하소. 암소 잡은 요량…."

불알이 없는 암소를 잡은 셈 치고 돈을 받지 말라는 것이었다. 마침내 실랑이가 길어지자 뒷방에 누워있던 주모의 남편도 그 소리를 듣게 되었다.

'소의 불알을 먹고는 암소 잡은 요량 하라니? 세상에! 술장사 30년에 저런 놈은 처음일세.'

뒷방에서 나온 남편이 눈알을 부라리며 그 자리에 뛰어들자, 정만서는 남편에게 인사를 나누자며 자기소개를 하였다. 그도 익히 들어 알고 있는 천하의 잡놈 '정만서'라고 하는 것이 아닌가. 술값을 받을 상대가 아니라는 것을 알고 있었던 남편은

도리어 청하였다.

"고기값 대신에 소리나 한번 해 보시오."

정만서는 온갖 장기자랑을 다 펼치며 노래를 부르고 춤을 추었다. 그러자 길을 가던 사람들이 모여들었고, 그 주막에 있던 술과 안주들이 모두 동이나, 주막을 연 이래 최상의 매상을 올렸다고 한다.

ℰ

이 이야기를 들려주신 스님께서는 늘 말씀하셨습니다.

"가만히 돌이켜보라. 부모 태중에서 나올 때 영감을 업고 나왔나? 아내를 안고 나왔나? 자식들을 데리고 나왔나? 빈 몸 빈손으로 나왔는데 이것에 애착이 붙어서 놓으려 해도 놓을 수가 없다. 또 놓을 수 없으니 밤낮없이 걱정을 한다.

여러분도 사람과 물질에 걸려 가슴이 답답

하고 머리가 아프면 정만서의 '암소 잡은 요량'을 할 줄 알아야한다. 애초 불알이 없는 암소를 잡은 요량을 하면 한 생각 막혔던 것이 풀린다.

곧 한 생각 애착을 비우고 생생한 산 정신으로 일하면 '절후絶後에 갱생更生이라', 끊어진 곳에서 다시 사는 수가 있으니, 걱정하지 말고 사바세계를 무대로 삼아 연극 한바탕 멋지게 해야 한다.

그까짓 근심 걱정은 냄새나고 죽은 생각이다. 앞으로는 산 생각으로 불타의 정신에 합체해서 살아가길 바란다."

극락 밖에는 돌도 많고 물도 많다

스님께서는 이와 같은 다양한 이야기와 법

문을 자상하게 들려주시다가, 떠나는 사람들을 배웅하면서 다시 향상向上의 일침을 가합니다.

"이 극락선원의 대문을 나서면 돌도 많고 물도 많다. 돌부리에 채여서 자빠지지 말고, 물에 빠져서 옷을 버리지도 말고 잘 가거라."

과부족과 희비극이 가득한 사바세계로 향하는 이의 정신을 살려 주기 위해 농담처럼 웃으면서 던지는 이 인사말 속에, 스님께서는 깊은 법문을 심어 놓은 것입니다.

숫돌 노릇 하지 말라

중생을 깨우치는 일화들

우리 불자들을 깨우치는 큰스님의 일화를 몇 가지 더 소개하겠습니다.

스님을 찾는 사람들 중에는 가끔씩 스님의 나이를 여쭈어 보는 이들이 있습니다.

"스님, 연세가 몇이십니까?"

"앞도 육육이고 뒤도 육육이니라〔前六六後六六〕."

나이를 물었는데 전육육 후육육이라니? 마음에 닿지 않는 이 답변에 질문한 사람은 나름대로 해석을 하기 시작합니다.

'육육은 삼십육, 육육은 삼십육, 합하면 72 세인가?'

그러나 그와 같은 계산으로는 도무지 답을 얻을 수가 없습니다. 진리의 세계에서 통하는 계산법을 세간의 계산법으로는 도무지 맞추어 낼 수가 없는 것입니다.

그리고 자신의 수행에는 마음을 쓰지 않는 사람, 밖으로의 일에만 열정을 쏟는 사람이 찾아오면 묵묵히 보고 있다가 말씀을 던집니다.

"그대는 숫돌과 같구나."

그 숫돌에는 김서방이 와서 칼을 갈아 가고 박서방이 와서 낫을 갈아 갑니다. 갈아 간 칼과 낫은 날카롭게 번쩍이지만, 숫돌은 닳고 닳아 마침내 숫돌이 아니게 됩니다. 숫돌처럼

만 살지 말고, 자신의 마음을 갈고 닦으라는 말씀입니다.

또 한 번은 구도회求道會라는 불교단체에서 스님을 찾아왔습니다.

"어디서 왔는가?"
"구도회에서 왔습니다."
"구도회가 입 구口자 구도회인가? 구할 구 求자 구도회인가?"
"…."

스님이 몰라서 이 질문을 던진 것일까? 입으로만 도를 구하는 것을 경계하고 온 몸으로, 온 마음으로 도를 구할 것을 깨우쳐 주기 위해 던진 일성一聲이었던 것입니다.

미래를 점치지 말라

이렇듯 날카로운 눈으로 사람을 관찰하고 가슴을 찌르는 일구一句를 들려 주셨던 스님이었지만, 의심 많고 회의가 많은 사람이 찾아와서 앞으로의 운명이나 일의 성패를 물을 때는 단호하게 물리치셨습니다. 그와 같은 질문을 받을 때마다 스님께서는 언제나 이렇게 말씀하셨습니다.

"부산의 영도다리 밑이나 서울의 미아리고개, 대구 달성공원 앞에 있는 점쟁이를 찾아갈 것이지, 왜 극락으로 왔느냐?"

스님께서는 미래를 점치거나 운명을 미리 알려고 하는 데에 헛된 노력을 쏟지 말 것을 당부하셨습니다. 오히려 당연히 그렇게 걸어야 할 길〔道〕, 그렇게 되게끔 되어 있는 법法을 따라 걸어가고 행하는 것이 미래의 세계를 참되게 개척하는 방법이라고 늘 강조하셨습니다.

"사람들의 갈등과 회의는 대부분 바른 마음을 가지지 못하는 데서 비롯된다. 그러므로 정법正法과 정도正道에 입각하여 생각해보면 반드시 나아가야 할 앞길이 보인다."

미래의 행복과 불행에 대한 중생의 집착은 오히려 현실의 미혹만을 부채질합니다. 두 발로 현실을 굳건히 딛고 정도와 정법에 입각하여 새로운 세계를 열어가는 바로 그곳에 미래의 행복과 성공이 있다는 것을 깨우쳐 주셨습니다.

행복과 성공의 비결

그리고 미래의 행복과 성공의 비결을 이렇게 말씀하셨습니다.

"먼저 여러 사람을 이끌고 살리겠다는 대원력을 세워, 사람이 할 수 있는 일이라면 나도 다 할 수 있다는 용기와 앞으로 나아가는 강한 힘으로 장애를 타파하고 실패를 넘어서서 성공의 길로 나아가야 한다. 모름지기 성공을 하려면 지혜와 덕과 용맹이 있어야 하는데, 그것을 가지려면 정신을 통일하여 마음 가운데 모든 번뇌의 구름이 없어지는 무아無我의 경지에 들어가야 한다.

예술·철학·종교 모두가 정신을 집중하는 거기에서 묘가 샘솟는다. 비록 견성성불見性成佛은 못하더라도, 매일매일 정신을 집중하며 살면 관찰력과 판단력이 빨라지고, 기억력이 좋아지고, 하찮은 생각이 바른 생각으로 돌아서고, 몸에 있던 병도 없어지고, 맑은 지혜가 나서 사농공상士農工商의 경영하는 모든 일들을 다 잘 할 수 있게 된다.

모름지기 꾸준히 공功을 들이면 자연히 영대靈臺가 밝아지게 되나니, 아무리 재주가 없는 사람이라도 열심히 노력만 하면 영대가 밝아져 성공의 길이 열리고, 무슨 일이든 지극하게 힘을 들이면 반드시 좋은 결과를 성취할 수 있게 되는 것이다."

조용히 자신을 되돌아보라

아울러 스님께서는 불교의 생활화를 늘 강조하셨습니다.

"마음 가운데 생멸生滅의 구름이 끼어 있으면 어두운 암흑천지가 되어 무엇이 어떻게 되는지를 모른다. 마음을 닦아 때가 없으면 지혜가 샘솟아 어떤 일이든 잘 할 수가 있다.

불자들이 시간 나는 대로 내 마음 가운데 어두운 것이 있는가, 때 낌이 있는가를 항상 살펴보게 되면, 나뿐만 아니라 가정이 정화되고 사회가 정화되고 세계 인류의 평화가 이룩된다.

부디 불교를 믿어 부처님의 가르침을 일상에 생활화하여 쓰도록 해야 한다. 경을 매일 읽고 법문을 매일 들어도 '서자서書自書 아자아我自我'라, 글은 글대로 있고 나는 나대로 놀아서는 아무런 소용이 없는 것이다.

입 아프게 경을 읽을 것이 무엇이며 다리 아픈데 절에 와서 법문을 들을 것이 뭐 있겠는가! 약방문을 내었으면 약을 지어먹어야 병이 낫지, 처방을 내어놓고 십년 이십년을 책상 속에 넣어두고만 있다면 무슨 소용이 있겠는가!"

경봉 큰스님께서는 우리를 위하여 다시 한 번 강조하십니다.

"세속에 사는 이들은 가슴이 답답하고 머리가 아픈 일들이 한두 가지가 아니다. 이럴 때는 조용히 자신을 되돌아 보아야 한다.
'절에 다니며 법문도 듣고 부처님께 신심 있게 하였는데도 이렇게 걱정스럽게 살아야 하는가?
내가 정말 옳게 불교를 믿고 있는 것인가?
수행을 옳게 하는 것인가?
이렇게 살다 다시 태어날 때 인간세상이나 어디 좋은 곳에 태어나겠는가?
천상이나 부처님 세계에 갈 만한가?'
이렇게 회계를 대봐야한다.

모든 근심과 걱정을 살펴보면 물질 아니면 사람 때문이니, 불교를 믿는 이들은 부처님의 초월적인 정신에 계합하여 근심걱정 보따리를 확 털어버리고, 사바세계를 무대로 삼아 멋들어지게 살아야 한다."

스님께서는 이처럼 회계를 대어,

· 내가 이 세상에 태어난 후에 무슨 보람된 일을 하였는가?

· 밝고 신령한 자성자리에 무슨 이익이 될 만한 수양을 쌓았는가?

· 남에게 착한 일을 하여 사회에 헌신한 일이 얼마나 되는가?

· 보살행을 생각이라도 해 보았는가?

등을 잘 살펴 부끄러움이 있으면 불자로서의 생활을 다시 시작할 것을 늘 강조하셨고, 부끄럽지 않도록 해야 함을 늘 깨우쳐주셨습니다.

경봉 큰스님의 이러한 말씀을 깊이 새기면서, 지금 이 자리에서 우리의 삶을 새롭고 멋들어지게 가꾸어 봅시다.

"우주가 들어가도 어디에 있는지 모를 지경으로 마음을 넓게 가지고, 사바세계를 무대로 삼아 연극 한바탕 잘 해야 한다."고 거듭 당부 하셨던 경봉 큰스님. 스님의 참뜻은 참 생명에 있었습니다.

스님의 자비로운 모습은 이제 찾아뵈올 길 없고 카랑카랑한 음성은 영축산곡의 극락에 묻혔지만, 참 생명의 빛을 찾는 이의 눈앞에는 언제나 스님의 모습이 있고, 그 음성은 원음圓音이 되고 일음一音이 되어 영원히 우리들의 마음속에 흐르고 있습니다.

스님, 감사합니다.

나무 일대종사 경봉 큰스님….